내 생각과 관점을 수익화하는

퍼스널
브랜딩

내 생각과 관점을 수익화하는

퍼스널 브랜딩

반응 소통 성장을 만드는 글 기획법

촉촉한마케터 지음

초록비책공방

1. 조금 더 맞는 본인의 상황은?

방향조차 모르겠다. 누군가의 지시를 따르고 싶다.

방향은 아는데 달려 나갈 의욕이 없다. 핑계를 대며 오늘도 일을 미룬다.

2. 만약 스토어를 운영한다면?

위탁판매를 통해 재고 리스크 등을 최대한 줄여야지.

리스크는 있어도 나만의 무언가를 운영하고 싶다.

3. 나만의 시각을 주장하기 vs 정보 큐레이션하기

내 시각보다는 지식, 정보 등을 정리하고 싶다. 나는 큐레이션을 더 잘한다.

욕을 먹더라도 내 생각을 말하고 싶다. '앵무새 포스팅'은 내 취향이 아니다.

4. 멜론(플랫폼) vs 슈퍼스타(플레이어)

I

플랫폼이지. 안정적이고 프로세스가 중시되는.

E

플레이어. 플랫폼 키우는 건 쉬운 게 아냐.

5. 재미를 느끼는 것? 소통, 공감 vs 시스템을 만드는 것

F

소통이 더 좋다. 인스타나 블로그에서 내 존재가 알려지는 것이 행복하다.

T

내 존재보다 내가 만든 것이 알려지는 게 더 좋다. 소통, 공감, 댓글 귀찮아.

6. 많은 이에게 알려지는 것에 대한 생각은?

F

좋기도 하겠지만 막연히 두렵기도 하다. 가능하면 전면에 나서고 싶지 않다.

T

배부른 소리. 유명해질 수 있다면 자잘한 스트레스는 감내해야 한다.

7. 내가 더 잘하는 것은?

F

어떤 단어가 타인의 기분을 좋게 만드는지를 알고 있다.

T

우리만의 규칙을 정하는 것을 좋아한다. 지인들과 북클럽을 만들어 운영한다거나.

8. 영화나 드라마. 푹 빠져서 끝까지 봤다, 이때 드는 생각은?

F

주변에 알려야겠다. 여기저기 영업해야지.

T

전개 방식을 이렇게 바꾸었으면 좋았을 텐데. 그래도 뭐 좋았어.

＊ 1~4번 문항의 결과에서 I와 E의 개수를 세어 보세요. 더 높은 비율을 차지하는 알파벳을 기억하세요.

＊ 5~8번 문항은 F와 T로 나뉩니다. 이 역시 더 높은 비율을 차지하는 알파벳을 기억하세요. (동일한 비율이라면, 두 가지 성향이 모두 있다는 겁니다)

IF : 권위를 빌려서 브랜딩하는 것에 적합한 당신

생각하는 것이 머리 아픈 이들에게 가장 필요한 존재. 이런 타입은 타인에게 정보를 전달하거나 이해시키는 방향으로 브랜딩하는 것을 추천합니다.

새로 나온 책이 있다면 책에서 말하는 바를 정리해주고, 어떤 이들에게 필요한지 '정답'을 알려주는 역할을 해보세요. 포인트는 '정답'을 내려준다는 것입니다. '대신 생각해주는 사람'이 되겠지요.

오늘도 새로운 무언가가 세상에 나옵니다. 경영 전략, 심리 이론, 앱, 예능, 드라마, 영화, 전자제품, 생활용품 등. 원하는 것을 찾으려 검색하다 보면 상당한 스트레스가 뒤따릅니다. 검색 결과가 복잡하기 때문이지요. 왜 그럴까요? '정답'이 존재한다는 믿음 때문입니다. 오답을 고를 가능성이 있을 때 우리는 스트레스를 받습니다. 그렇기에 '정답'을 말하는 사람을 찾게 되지요. 당신의 유형은 이에 가장 잘 맞습니다.

어떤 것에 대한 이해도를 높여주는 사람. 당신이 이 포지션을 가져갈 수 있다면, 신뢰를 손쉽게 끌어낼 수 있겠네요.

IT : 서로 다른 것을 '연결'하는 것에 적합한 당신

연결하는 것. 당신은 서로 다른 분야를 엮는 것에 특화되어 있을지도 모릅니다. 그 어느 때보다 '연결하는 능력'이 요구

되는 시기입니다. 예를 들면 지역 키워드 광고 중 '#XX동사진관, #XX동가족사진' 서로 경쟁하면서 트래픽을 나누는 이런 식의 키워드 광고를 하는 것이 아니라, 다른 시각 하나를 추가해서 경쟁으로부터 자유로운 포지션을 기획하는 겁니다. '퍼스널 컬러별 착장 추천'이라거나, '퍼스널 컬러별 배경지 추천' 등 시각이 하나 더해진다면 색다른 분위기가 나오겠지요. 패션 디자이너나 모델을 섭외해 가족 구성원 한 명 한 명의 코디부터 사진 구도까지 세팅해주는 서비스를 제공할 수도 있겠고요. 서로 다른 것들의 교집합. 그 순간 니치(niche)한 마켓이 만들어집니다.

EF : '시스템'을 만드는 것이 필요한 당신

'프로세스'를 기획하는 것을 좋아할지도 모르겠네요. 시작을 소비자 경험을 재조립하는 것부터 해보세요.

"이 지점에서 만족도가 극대화되잖아. 그러니 우리 제품/서비스의 첫 부분에 이를 넣어두자. 그래야 이탈이 가장 적지." 라는 접근법 말입니다. 그러고나서 나의 프로세스를 세상에 공개하는 겁니다. 어렵게 느껴진다면 '이런 프로세스가 추가되면 좋겠네' 정도의 글을 남기는 것도 좋습니다.

"이 책은 좋은데 인트로가 지루해. 초반에 후킹 포인트가 들어가면 좋겠어."

"이 카페는 아늑해서 좋은데 쉽게 들어올 수 없는 분위기야. 조금 더 개방적이면 좋을 텐데."

이렇게요. 시간이 지날수록 당신의 말 한마디 한마디에 귀 기울이는 이들이 늘어갈 것입니다. 누구나 쉽게 하는 표현이 아니라 '살아있는 인사이트'가 전달되기 때문입니다. 이후에는 나만의 인사이트가 녹아있는 '시스템'을 기획해보세요.

ET : 나만의 '관점'을 중시하는 당신

"나는 세상을 이렇게 바라보고 있어."

'소비자의 니즈를 발견해서 이를 충족시켜준다'는 기존의 마케팅 방식이 맞지 않을 수도 있겠네요. 정해진 공식에서 벗어난 시도를 해보세요. 일반적으로 알려진 마케팅 접근법에 흥미를 느끼지 못했다면요.

고객이 좋아할 만한 혹은 궁금해하는 것보다 내 시각을 먼저 주장하는 것이죠. 의견 A가 주류인 시장에서 의견 B를 제시하고 설득해내는 것을 목표로 해보세요.

모두에게 환영받는 무언가를 제작하려고 하지 말고 '나와 같은 사람만 공략한다'라는 마인드로 시작하세요.

우선 '내가 세상을 바라보는 시각'을 구축하는 것에 집중하고 이에 공감하는 이들을 늘려가는 방향으로 자리를 잡아가는 겁니다.

Contents

Chapter3. 의도와는 다르게, 반감을 일으키는 글

Intro

퍼스널 브랜딩 그리고 기억되는 글쓰기

일반적으로 '브랜딩'을 다루는 책은 유명 기업들의 성공적인 브랜딩 사례를 나열하기 마련입니다. '이러한 방식의 포지션을 취해 대중의 사랑을 받기 시작했다', '특정 마케팅 전략으로 사람들의 머릿속에 각인시켰다'라는 전개 방식이지요. 독자들은 이를 통해 새로운 정보를 얻게 됩니다.

하지만 새로운 정보를 얻었다고 해서 똑같이 적용할 수는 없을 겁니다. 1인 기업이나 소규모 기업과는 거리가 먼 이야기일지도 모릅니다. 멋진 일화지만 정작 나는 적용할 수 없는 지식인 거지요. 예산에 여유가 있다면 비슷한 전략을 조금이나마 따라해볼 수는 있겠지만요.

저는 이 책에서 '작은 개인 브랜드'를 위한 브랜딩 글쓰기를 이야기합니다. 어떤 브랜딩 기획과 글쓰기 방법이 자연스러운 끌림을 끌어낼 수 있는지를요. 그래서 본격적인 시작에 앞서 간단한 합의를 하고자 합니다.

우선 프리랜서와 1인 기업을 명확히 구분하지 않습니다. 다시 말해 외주 일을 하는 디자이너와 디자인 회사를 운영하는 1인 기업가를 한데 묶어 이야기합니다.

프리랜서 디자이너는 지속적인 일거리를 위해 본인을 세상에 알려야 합니다. 그 과정은 1인 디자인 기업과 다르지 않습니다. 조금만 더 범주를 확대해보면 시작 단계의 스타트업까지 이에 속할 것입니다. 그래서 이 책의 대상은 프리랜서, 1인 기업, 더 나아가 시작 단계의 스타트업 또는 이를 희망하는 분들로 하겠습니다.

다음은 '퍼스널 브랜딩'에 대한 정의입니다. 퍼스널 브랜딩은 자신만의 색채를 강조하여 남과는 다른 차별화 포인트를 만드는 과정을 의미합니다. 다른 직업군에 속한 이들은 물론 같은 직업군과도 구별되는 개성을 만든다는 뜻이지요. 그러니까 단순한 디자이너 A가 아닌 차별화된 포지션의 디자이너 A를 목표로 합니다.

또 1인 기업의 브랜딩 포인트를 '기업'이 아니라 '사람'에 대한 브랜딩, 브랜드보다 사람의 시각을 브랜딩하는 과정에 집중하겠습니다. 브랜드 스토리는 알려지기 쉽지 않습니다. 한 번 떠올려보세요. 스토리를 알고 있는 브랜드가 있나요?

해당 브랜드가 만들어진 역사 혹은 브랜드가 추구하는 가치 같은 것들이요. 대부분은 기억하지 못할 것입니다. 살아남는 브랜딩을 위해선 브랜드보다는 브랜드를 일궈낸 '사람의 시각'에 집중해야 합니다. '사람'에 대한 브랜딩이 이루어진다면, 제품이나 서비스에 대한 브랜딩은 자연스레 따라오지요.

다음은 '마케팅'입니다. 일반적으로 '마케팅'이라 하면 세상에 나를, 상품을, 브랜드를 알리는 것을 말합니다. 돈을 들여 여러 매체에 노출하는 전략입니다. 네이버 키워드 광고, 유튜브 광고, 구글 애즈, 인플루언서 협찬 등 다양한 마케팅 방법이 있습니다. 그리고 저는 이를 '소리 지르는' 방식이라고 표현합니다. 큰 소리를 내어 타깃 고객이 나를 주목하게 만드는 것이지요. 소리를 지르는 데는 당연히 돈이 필요합니다. 지불된 광고비만큼 소리 지를 수 있는 권리를 구입하는 것입니다. 하지만 이 책에서는 비용이 드는 마케팅을 거의 다루지 않습니다. 앞서 말한 것처럼, 이 책은 자본 규모가 작은 개인 브랜드를 대상으로 하니까요.

'어그로(aggro)'라는 단어도 종종 사용됩니다. 어그로는 자극적인 단어로 일단 관심을 끄는 것을 목표로 하지요. 인터넷 신문 뉴스 기사에서 자주 사용되는 형식 중 하나인데 '이

것 하나 몰라서 3,000만 원 날린 사연은?' 이런 제목을 떠올려보면 이해가 될 것입니다. 어그로를 쓴다면 잠깐은 사람들이 뒤돌아볼지 모르지만, 곧 가던 길을 갑니다.

다음은 '후킹(hooking)'이라는 표현입니다. '낚아채다'라는 의미를 지닌 단어로 잠재 고객의 이목을 끄는 것이지요. 모든 후킹이 멋들어지진 않습니다. 어그로를 통한, 즉 건강하지 못한 후킹도 빈번하게 사용되지요. 그렇기에 이 책에서는 '우아한 후킹'을 다룰 예정입니다.

나만의 작지만 매력적인 브랜드를 만들어 자유로운 삶을 살아갈 수 있다는 내용의 책이 많습니다. 하기 싫은 일을 억지로 하는 것이 아니라 좋아하는 일을 하면서 지금보다 많은 돈을 벌 수 있다지요. 이런 책을 쓸 때는 '로망'을 후킹해야 한다는 것이 정론입니다. 즉 바다가 보이는 고급 호텔의 라운지를 묘사하면서 '다들 현실에 묶여 살고 있을 때, 나는 이렇게나 자유롭게 산다'며 직간접적으로 경제적 자유를 드러내고 선택의 범위가 한층 넓어졌다고 강조하지요. '더 이상 알람을 맞추지 않아도 된다'라거나 '원할 때 언제든지 떠날 수 있다'라거나…. '시간과 공간에 구애받지 않고', '간섭할 상사 없는' 식의 표현은 상투적으로 느껴지기까지 합니다. '나도 너랑 똑같았어. 그런 시절이 있었지'라는 회상은 덤입니다. 슬쩍슬쩍 유혹하며 읽는 이를 자극합니다. 물론 잘못된 것은 아닙니다. 타인을 현혹할 때 장점 위주로 어필하는 것은 당연한 일입니다.

하지만 저는 그렇게 하지 않으려 합니다. 지금 이 책을 집어 든 독자라면 상처가 많을지도 모르겠습니다. 로망에 베인 상처가요. 저는 곳곳에 흉터가 남아있는 이들을 한 번 더 현혹하고 싶지 않습니다. 착해서가 아니라 베일만큼 베인 사람들의 기준에 필터링 당하지 않으려면 현실을 이야기해야만 하기 때문입니다.

이 책은 위에서 나열한 로망, 즉 '힘들게 일하지 않아도 부가 쌓여나가는 삶', '경제적·시간적 자유'가 허상임을 누구보다 잘 아는 이를 대상으로 합니다. 지극히 현실적으로 어떻게 해야만 당신이 타인에게 기억될 수 있는지를 이야기하겠습니다. 사실 마케팅, 브랜딩, 기획 분야에서 제가 노리는 희소한 포지션이기도 합니다. 로망과 후킹이 판치는 시대에 후킹으로 시작하지 않는 책을 써보고자 합니다. 자칫 '후킹이 없다고 후킹하는 책'이 되지는 않을까 걱정도 되지만, 제 진심이 전해졌으면 합니다.

그러한 이유로 조금은 특이한 접근을 하겠습니다. 바로 사후 해석을 최소화한 것인데요. 현상이 일어나고 난 이후 대상에 대한 해석은 조금만 들여다보면 누구나 할 수 있다고 생각합니다. 주가가 급등한 이후 해당 주식의 급등 이유를 적당히 설명할 수 있는 것처럼, 넷플릭스 오리지널 콘텐츠인 〈오징어 게임〉에 대한 사후 해석이 쏟아진 것처럼 말입니다. 저는 이러한 사후 해석은 큰 도움이 되지 않는다고 생각합니다. '내가 그럴 줄 알았어'라는 말은 삶에 보탬이 되지 않는 경우가 허다하잖아요.

이 책은 퍼스널 브랜딩을 위한 글쓰기를 다루고 있습니다만 퍼스널 브랜딩뿐만 아니라 '기억되는 글'을 쓰고자 하는 이들에게도 도움이 될 것이라 생각합니다. 개인 수준에서 살아남는 브랜딩을 해내려면 무조건 기억되어야 하잖아요. 콘텐츠가 미친 듯이 쏟아져 나오는 오늘날, 기억되지 못하는 글을 쓰는 이들은 휩쓸려 사라질 수밖에 없습니다.

콘텐츠는 점점 공장화되어갑니다. 콘텐츠가 소비되는 속도와 콘텐츠가 제작되는 속도. 달걀이 먼저인지 닭이 먼저인지는 모르겠지만 확실한 건, 양측의 속도가 점점 더 빨라진다는 겁니다. 이 경쟁 속에서 기억되지 못한 개인은 밀려납니다. 그러므로 개인이 작성하는 글은 '단순한 소모성' 글이 되어서는 안 됩니다. 아직은 무슨 말인지 바로 이해되지 않아도 상관없습니다. 차차 읽어가면서 이해될 테니까요.

퍼스널 브랜딩을 구축하고자 하는 이들 중 일부는 마케팅 혹은 기획 분야의 책을 통해 쾌감을 얻으려는 경향이 있습니다. 여기서 말하는 '쾌감'이란 책을 읽고 난 뒤의 고양감을 뜻합니다. 동기부여 영상을 보고 난 직후의 '흥분'과 비슷하지요. 지식과 노하우를 습득하려는 것이 목적이겠지만 흥분을 구입하는 것일 수도 있습니다. 당연히 책에는 흥분을 느낄 만한 이야기가 많습니다. 이런 마케팅 전략을 적용했더니 매출이 17배가 뛰었다거나, 이미지 한 장 바꾸었을 뿐인데 주문이 쏟아졌다거나, 콘셉트만 꿋꿋이 밀고 나갔을 뿐인데 50만 유튜버가 되었다거나요. 성공한 사례가 쉴 새 없이 몰아칩니다. 이런 책을 읽다 보면 신이 납니다.

"이거 정말 대단한걸. 맞아. 내가 바라던 게 이런 거였어."

하지만 책을 덮고 난 후에는 막막함이 올라옵니다. 여러 멋진 사례에 감탄하며 읽었는데 막상 '나는 무엇을 할 수 있지?'라는 생각에 기분이 처지기도 합니다. 그래서 기분을 고양시킬 또 다른 책으로 눈을 돌리지요. 이러한 패턴이 반복될수록 계속해서 더 자극적인 무언가를 찾게 됩니다. 자기계발서에 중독되는 과정이기도 하지요. 민감해집니다. 불안하고 잘못된 길을 가는 것 같기도 하고요. 나만 모르는 변화가 곧 찾아올 것만 같습니다.

저는 성공 사례를 자극적으로 풀어 순간의 감정을 끌어올리는 것이 아닌 좀 더 구체적이고 도움이 되는 마지막 종착지가 되는 책을 쓰고 싶었습니다. 그리고 종착지가 되기 위해서는 고양감 유도보다 지루하지만 확실한 하우투(How to)를 담아야 한다고 생각했습니다.

평범한 삶보다 다이내믹한 삶을 원했습니다. 그렇지만 그 전제 조건이 '성공으로 해피엔딩'이라는 점에서 저는 놀이 기구를 타는 체험을 원했는지도 모르겠습니다. 스릴은 즐기고 싶지만 다치기는 싫다는 의미니까요. 욕심이 과하게도 '보장된 성공+중간중간 짜릿한 스릴'이 있는 삶을 추구했던 것 같습니다.

이 책은 제 이런 방황의 결과물이자 '기억되는 글쓰기'를 위한 모든 것입니다. 글쓰기 스킬을 얻어가려면 다른 책이 적합할지도 모릅니다. 하지만 누군가에게 '기억되는 글'을 쓰고 싶다면, 이 책이 도움이 될 것입니다.

Chapter 1.

잘못된 방향의 브랜딩을 추구하는 사람들

정보 혹은 도움이 필요할 때 내가 찾는 이들은 누구이고, 그들의 특성은 무엇인지, 그들의 어떤 점에 끌리는지를 언어화하기 시작했습니다. 그리고 더 나아가 다른 사람들은 어떤 기준으로 선택을 하는지 비슷한 논리로 접근해보았습니다. 모든 상황에 들어맞는 답을 찾기는 어렵지만 큰 맥락에서 공통점은 발견할 수 있지 않을까, 라는 생각으로 말이지요. 그 여정의 결과물이 지금부터 다룰 내용입니다.

진짜 문제 : '성공한 이들을 모방하면 된다'는 오해

발단은 한 통의 전화.

"나 이번에 기획 하나 하려는데. 카피라이팅은 어떻게 해야 해?
그냥 네가 바로 떠오르더라."

특정 분야와 함께 기억된다는 것은 참 감사한 일입니다. 온라인이건 오프라인이건 저를 떠올리는 분들이 생겼습니다. 고객을 찾아다녀야 하는 아웃바운드 영업을 하지 않아도 나를 찾는 이가 생겼다는 뜻입니다.

그러자 수익도 수익이지만 더 중요한 가치를 지켜낼 수 있었습니다. 바로 '나'라는 가치입니다. 어설프게 감성적인 이야기를 하려는 것이 아닙니다. 들이미는 방식으로 나를 알린다면 상대적으로 '을'의 위치에 머무를 수밖에 없다는 것을 말하고 자 함입니다.

만약 지나가는 사람에게 어떤 메시지를 전해야 한다고 가 정해봅시다. 제품을 홍보하거나 판촉물을 주며 이벤트에 참 여하라거나, 이때 당신에게 붙들린 사람들의 태도는 아마도 이럴 것입니다.

"그래, 들어나 보자."

그들은 일단 심리적인 방어막을 치고 트집을 잡거나 부족 한 점을 찾아내려 할 것입니다. '선택 권한은 나에게 있고 내 마음에 들려면 너는 노력을 해야 해'라는 맥락 아래 이루어 지는 커뮤니케이션이기 때문입니다. 심성이 고약해서 그런 것이 아닙니다. 일방적으로 전달하는 메시지, 예를 들면 "이 제품은 최고예요. 그러니 내 말을 듣고 이걸 사가세요."와 같 은 전달 방식은 저라도 싫을 것 같습니다. 당연히 방어 태세 가 나올 수밖에 없지요.

이러한 상황에서는 메시지를 전하는 이도, 받아들이는 이 도 쉽게 피로해집니다. 동등한 위치에서 이루어지는 커뮤니 케이션이 아니라 '잘 보이기 위해 애써야만' 하기에 그렇습 니다. 그리고 '동등하지 않은 상황에서 이루어지는' 커뮤니

케이션이 계속될수록 점차 을이 되어갑니다. 게다가 더 잘 보여야 하는 싸움이 시작됩니다.

홍보와 마케팅, 영업 등 대부분의 분야가 그렇습니다. 이런 방식은 시간이 지나면 상향 평준화되고 평가에 민감해지는 방향으로 나아갑니다. 5점 만점이라면 4.9와 4.8의 싸움이지요. 게임에서는 레벨이 올라가면 캐릭터가 강해지는데 현실은 그렇지 못합니다. 시간이 지날수록 평가에 더 민감해지죠.

이를 피할 수 있는 방법이 한 가지 있습니다. 바로 '특정 분야와 함께 기억되는 것'입니다. 나라는 사람을 기억하게 만드는 일은 쉽지 않지만, 특정 분야에 나를 녹여낸다면 비교적 쉽게 타인의 기억 속에 머무를 수 있습니다.

'끌림'이 일어나는 순간

이 책에서 저는 글쓰기를 통한 브랜딩을 이야기하지만 글쓰기 테크닉은 다루지 않습니다. 왜 그런 것들 있잖아요. 단호하게 말을 해야 한다거나 결론부터 나와야 한다거나 글 제목에 자극적인 단어를 넣는다거나…. 이런 테크닉을 활용한다고 해서 브랜딩이 이루어지는 것이 아닙니다. 앞의 예시 '지나가는 이들에게 전단지를 나누어주는 상황'에서 자잘한 테크닉 한두 개가 더해진다고 크게 달라지지 않는 것처럼요. 양손으로 건네거나 사탕과 함께 건네거나 가벼운 미소와 함께 건네거나 하는 것과 다를 바가 없지요. 글쓰기 테크닉은 도움이 될 수는 있지만 근본적인 영향을 미치지는 못합니다. 을의 입장이라는 것은 변하지 않지요.

다시, 처음에 말한 전화 얘기로 돌아가 볼게요.

"나 이번에 기획 하나 하려는데. 카피라이팅은 어떻게 해야 해? 그냥 네가 바로 떠오르더라."

감사한 마음으로 통화를 마치고 나자 다음과 같은 의문이 들더군요.

'특정한 분야와 내가 함께 기억된다는 것은 어떤 순간에 일어나는 것일까?'

'이번에야 운이 좋아서 연락받았지만, 지속적으로 타인의 기억에 남으려면 무엇을 해야 할까?'

그날 이후 저는 그 미묘한 디테일을 파헤치기 시작했습니다. 정보 혹은 도움이 필요할 때 내가 찾는 이들은 누구이고, 그들의 특성은 무엇인지, 그들의 어떤 점에 끌리는지를 언어화하기 시작했습니다. 그리고 더 나아가 다른 사람들은 어떤 기준으로 선택을 하는지 비슷한 논리로 접근해보았습니다. 모든 상황에 들어맞는 답을 찾기는 어렵지만 큰 맥락에서 공통점은 발견할 수 있지 않을까, 라는 생각으로 말이지요. 그 여정의 결과물이 지금부터 다룰 내용입니다.

퍼스널 브랜딩 강의를 들은 적이 있거나 개인 컨설팅을 경험한 사람들이 찾아와 한결같이 다음과 같은 말을 합니다.

"결국은 내가 잘하는 것을 찾으라고 하더군요. 남들보다 조금이라도 전문성을 갖추었거나 아니면 좋아하는 분야를 골라 포지션을 정하라고요."

문제는 내가 잘하고 좋아하는 것을 처음부터 알았다면 퍼스널 브랜딩 강의나 컨설팅이 굳이 필요하지 않았겠죠. 본인이 좋아하고 잘하는 일을 담담하게 풀어내면 애쓰지 않아도 퍼스널 브랜딩이 이루어질 테니까요. 그렇지 못하기에 강의나 컨설팅을 찾아 나선 것인데 위와 같은 답변을 듣는다면 불

만족스러울 수밖에 없습니다.

당연히 이 분야의 강사들도 이런 문제를 잘 알고 있습니다. 그렇기에 다음과 같은 해결책을 던집니다.

"전문성이 깊지 않아도 나를 필요로 하는 사람들은 반드시 있습니다. 고급 기술까지 필요로 하는 것이 아니라 가볍게 그 분야에 입문해보고자 하는 이들을 대상으로 자신의 지식을 공유하면 됩니다."

어느 정도 수긍됩니다. 입문자들을 위한 콘텐츠라면 좀 부족하더라도 충분히 도움을 줄 수 있을 테니까요. 하지만 여기서 또 문제가 발생합니다. 애초에 당신에게 도달하는 이들은 메인스트림에서 만족을 느끼지 못한 사람이 대부분이기 때문이죠. 여기에서 '메인스트림'은 유명 강사의 강연이나 책과 같은 것을 의미합니다.

무슨 말이냐 하면, A라는 사람이 어떤 문제에 부닥칩니다. 문제를 해결하기 위해 검색을 해보겠죠. 이것저것 많은 결과물이 나옵니다. A는 이 결과물을 토대로 문제를 해결하는 데 도움이 되는 웹사이트나 강의 등을 리스트업할 것입니다. 그리고 당신은 높은 확률로 이 리스트에 포함되지 않을 것입니다.

기를 죽이려는 것이 아닙니다. 문제 해결을 위한 여정에서 당신을 만날 수 있다면 당신은 이미 어느 정도 퍼스널 브랜딩이 이루어진 상태이겠지요. 문제를 가진 A의 여정과 당신의 포지션이 일치하지 않기에 검색이 이루어지지 않은 것입니다.

작성된 리스트는 앞서 말한 '메인스트림'과 동의어입니다. 유명한 혹은 오랜 기간 활동한 사람들이 이에 해당합니다. 이 리스트에서도 만족을 느끼지 못한다면 A는 좀 더 깊숙하게 찾아 나설 것입니다. 검색 결과의 5페이지까지만 넘겨봤다면 10페이지, 20페이지… 계속 들여다 봅니다. 그러다 당신을 발견합니다. **클릭.** 당신이 세상으로부터 발견되는 순간은 바로 이 지점입니다. 명심하세요. 당신은 가장 마지막에 노출됩니다.

그런데 이게 뭐람. 당신도 메인스트림과 똑같은 소리를 하고 있네요. A는 또 다른 여정을 떠납니다. 3초 만에 당신에게서 이탈합니다.

"아, 이거 알아. 이미 수없이 많이 봤어."

라는 말을 남긴 채 말입니다.

어설픈 모방의 한계

퍼스널 브랜딩을 준비하는 대부분의 사람이 해당 분야에서 잘나가는 이들을 모방합니다. '저 사람이 잘 되는 이유는 저것이군, 나도 저렇게 해봐야지'라는 접근이죠. 이런 방식을 알려주는 사람도 정말 많습니다. 하지만 이는 정확히 반대로 이해한 것입니다. '나라는 존재가 인지되는 순간'에 대한 이해가 부족하기에 저지르는 실수이지요.

내가 발견되는 지점은 메인스트림을 이미 경험한 이들입니다. 그들에게 잘나가는 이들을 모방한 똑같은 방식을 들이대봤자 결국 '아, 나 그거 해봤어. 안 되던데'라는 반응밖에 돌아올 수 없습니다.

이 말이 아직 와닿지 않는다면, 지금 이 책을 집어 든 순간을 떠올려보세요. 아마 여러분은 타 유명 퍼스널 브랜딩 혹은 글쓰기 관련 서적이나 강연 등을 거치고 난 뒤에야 이 책을 발견했을 것입니다. 저는 유명인이 아니잖아요. 그렇기에 저는 제 포지션에 맞는 글을 써야 합니다. 그리고 이 지점은 정말 중요합니다.

단순하게 생각하지 마세요. 모방, 카피, 클론, 따라하기…. 어떤 말로 부르든 잘나가는 이들을 따라하는 것은 초기 기획 단계에서 고려해야 할 선택지가 아닙니다. 비록 성공한 이들을 따라하면 된다는 방법론이 책과 강의, 기타 여러 형태로 팔려나가고 있지만요. 시작부터 잘못 끼운 단추가 어느새 하나의 트렌드가 되어버렸습니다.

그래도 해당 분야에서 유명한 이들을 따라하면 중간은 가지 않겠냐고요? 잠깐만요, 우선 자신의 위치와 포지셔닝을 객관적인 시선으로 바라봅시다.

'내가 그들과 같은 메시지를 전달한다면,
사람들이 내가 하는 메시지에 주목하고
나는 그들만큼 유명해질 수 있을까?'

어떤가요? 스스로 질문해보면 보다 객관적인 판단이 섭니다. 다시 말하지만 기를 죽이려는 것이 아닙니다. 굳이 겪지 않아도 되는 실패를 피해갈 수 있는 방법에 대해 이야기하는 것입니다.

A는 B라는 유튜버가 '호텔 탐방 브이로그'로 유명해진 것을 보고 이를 따라하려고 합니다. B가 방문한 호텔, 맛집 리스트를 보고 B 특유의 영상편집 스타일, 인트로와 아웃트로 분위기, 전체적인 필터까지 벤치마킹합니다. 그리고 단톡방

에 다음과 같은 글을 올립니다.

"나 이제 제2의 B가 될 거야."

이때 당신의 머릿속에 떠오른 생각은 무엇인가요? 아마 긍정적인 반응은 아닐 거예요. 그러니 '저 사람이 저 방식으로 잘 되니까 나도 저렇게 해야지'라는 생각은 내려놓으세요. 내 인생의 주인공은 내가 맞지만, 수많은 사람이 사는 세상에서 주인공은 내가 아닐 수도 있습니다.

퍼스널 브랜딩에 관해 따뜻한 조언을 기대했다면 미안합니다. 많은 퍼스널 브랜딩 강연에서 '모든 경험이 가치가 있다'라는 표현을 자주 합니다만, 저는 그렇게 말하지 않습니다. 이는 경험이 가치가 없다는 것이 아니라 그전에 가치의 포지셔닝을 제대로 설정해야 한다는 의미입니다. 바꾸어 말하면 내 포지션에 대한 객관적인 이해 없이 스포트라이트를 받고 있는 이들을 모방하려는 심리가 진짜 문제라는 말이죠.

자발적으로
행동하는 지점

저는 시간이 날 때마다 방문하는 블로그나 웹사이트가 여럿 있습니다. 그들의 콘텐츠를 자발적으로 소비하지요. '자발적으로'라는 단어가 아주 중요합니다. 그 누가 강요하지 않아도, 사이트 로딩이 느려도 알아서 찾아갑니다. 혹시나 새로운 글이 올라왔나 일부러 들르기도 하고, 댓글은 달지 않아도 생각날 때마다 접속하곤 합니다.

몇몇은 외국인이 운영하는 사이트입니다. 해외 웹사이트 특유의 올드한 디자인에다 해당 문화권만의 표현과 은어가 있어서 단번에 이해하긴 힘들지만 그래도 그들의 글을 읽습니다. 심지어 어떤 사이트는 한국 메일 주소로는 가입이 불가능해서 해외 메일 계정을 따로 만들어 가입할 정도입니다. 저는 왜 그런 걸까요?

아마도 그들에게 강한 끌림을 느끼기 때문이겠죠. 정보를 떠먹여 준다는 플랫폼이 즐비합니다. 특정 주제에 대한 최신 이슈를 빠르게 정리해서 제공하는 뉴스레터도 넘쳐납니다. 돈 한 푼 들이지 않아도 양질의 정보를 받아볼 수 있는 유튜브도 마찬가지입니다.

그런데도 귀찮음을 무릅쓰고 자발적으로 움직인다는 것은 끌린다는 의미입니다. 이는 저만의 경험은 아닐 겁니다. 누구나 이런 대상이 있습니다. 그리고 놀라운 사실은 스스로 찾아 나설 때 더 행복하다는 것입니다. 오히려 알아서 떠먹여 주는 이들에게는 감사함을 느끼지 못합니다. '뭐, 돈 벌려고 하는 거지'라는 시니컬한 반응을 보이는 경우도 있습니다.

자발적으로 누군가가 나에게 관심을 주는 것. 이 끌림의 포인트를 구현해낼 수 있어야 합니다. 전문성의 유무를 떠나 사람들이 관심을 주는, 더 명확하게 말하자면 전문성 없이도 끌림을 만들 수 있어야 합니다.

그 이유는 무엇일까요? 전문성을 전면에 앞세운다면 브랜딩을 계속해나갈 수 없기에 그렇습니다. 나보다 잘하는 사람이 많거든요. 그리고 앞으로도 많을 겁니다. 나의 장점이 '전문성' 하나라면 위태위태한 날들이 계속될 겁니다. 물론 전문성이 있다면 좋지만 맹신하지는 말아야 합니다.

실적으로 증명해야 하는 분야라면 더 말할 것도 없습니다. 주식이나 영업 등 수익을 강조하는 포지션이라면 실적이 낮은 시기에는 기를 펴지도 못하겠죠. 유일한 장점이 사라졌기 때문입니다.

한번 생각해보세요. 당신이 즐겨 찾는 사람들의 채널을 말입니다. 그들이 그 분야에서 매우 뛰어나서 끌리나요? 물론 '높은 숫자'를 보유하고 있을 수는 있지요. 수많은 구독자를 보유하고 있다거나 수상 경력 등이 화려하거나요.

하지만 그 이유만은 아닐 겁니다. 저도 제가 좋아하는 작가, 마케터, 그 외 다양한 분야의 사람들이 '높은 숫자'와는 거리가 있는 경우가 많습니다. 팔로워 수, 책의 판매량 등이 월등하지도 않습니다. 글을 엄청 유려하게 쓰는 것 같지도 않고 아주 성실하지도 않네요. 그럼에도 불구하고, 저는 좋아합니다.

불쾌함을 유발하는 들이미는 글

읽는 이를 클릭하게 만드는 '후킹하는 글쓰기'를 해야 한다고 합니다. 그러나 '들이미는 방식의 글쓰기'로는 끌리는 퍼스널 브랜딩을 할 수 없습니다. '들이민다'는 것은 앞서 말한 자발적인 행동과 정반대의 개념입니다. 전단지를 떠올리면 이해가 쉬울 거예요. 바쁘게 걷고 있는데 누군가 툭 튀어나와 전단지를 쥐여주며 말을 겁니다. 무언가를 홍보하려는 목적이지만 우리 대부분은 귀찮아하지요.

'자발적인 관심'과 '들이미는 방식'이 정반대라는 것을 이해했나요? 그런데 어느 순간부터 '들이미는 방식'이 옳다고 말하는 이들이 늘어났습니다. 이는 온라인의 특성과 관련있는데요. 온라인의 특성상 '숫자'에 집중할 수밖에 없기 때문입니다. 제가 자주 드는 예가 있습니다.

강남역 한복판에서 소리를 질러봅시다. 많은 이가 돌아보겠지요? 그리고 다들 '뭐야?'라는 반응을 보이고는 제 갈 길을 갈 겁니다. 이 행동을 온라인에서 해봅시다. '조회 수'가 높아지겠네요. 길거리에서 수많은 사람이 돌아본 것처럼 말입니다. 그리고 이때, 오해가 생겨납니다. 조회 수에 긍정적인 이미지를 부여하기 시작하는 것이죠.

'이렇게나 많은 사람이 눌러 봤네…!'

질적인 측면을 고려하지 않은 것입니다. 클릭 수에 과한 의미 부여가 시작되는 것이지요. 점점 더 큰소리를 치는 강한 후킹이 판을 치게 됩니다.

'석 달 만에 무조건 천만 원씩 버는 방법'
'당신이 몰랐던, 실패하는 진짜 이유 (feat. 무적의 성공 법칙)'
'ㅇㅇㅇ 하나만 바꿔도 200% 성공한다'
'이 글을 읽으면 당신은 3억 원을 벌 수 있게 됩니다'

라는 식의 제목을 달게 되지요. 조회 수 올라간다고 좋아할 일이 아닙니다. 길에서 소리 지르는 사람을 흘끗 쳐다본 것과 다름없거든요. 본인만 흐뭇할지도 모릅니다.

"처음에는 조회 수가 높으니 효과가 있는 줄 알았어요. 그런데 시간이 지나면서 양치기 소년과 비슷한 이미지가 만들어지더라고요. 자극적인 제목을 쓰자니 이미지가 나빠지는 것 같고 다른 제목을 짓자니 아무도 글을 읽지 않아요. 그래서 후회할 것을 알면서도 자극적인 제목을 짓고는 합니다."

컨설팅으로 만난 분들이 자주 말하는 고민입니다. 문제는 온라인상에 업로드되는 게시물의 제목이 갖는 이중적인 특성 때문입니다. 일단 클릭이 되어야만 내용이 읽히기 때문에 어떻게든 관심을 끌어야 한다는 강박이 내재된 것이지요.

'언제나 통하는' 글쓰기 공식이 있다는 환상

또 읽는 이의 관심을 끌게 하려면 '마법의 글쓰기 패턴과 공식'을 사용해야 한다고 믿는 이들이 많습니다. 하지만 생각해보세요. '처음 본 사람과 무조건 친해지는 대화 패턴'이란 게 있나요? 그런데 왜 온라인상에서는 '무조건 설득이 일어나는 카피라이팅 스킬' 혹은 '상세페이지에 넣으면 무조건 판매되는 문구'가 존재한다고 믿는 걸까요.

패턴화된 글쓰기는 높은 확률로 불쾌감을 유발합니다. 당신과 대화할 때마다 늘 똑같은 패턴으로 말하는 사람이 있다고 생각해보세요. 저 같으면 소름이 돋을 것 같습니다. 행동을 조종하려 든다거나 반응을 유도하기 위해 어설픈 작업을 벌인다는 느낌이 드는 순간, 더 이상의 소통은 이루어지지 않습니다.

패턴화된 글들을 '문구 모음'이나 '카피라이팅 모음'이라는 패키지로 판매하는 경우가 있습니다. 이를 구입해서 그대로 가져다 쓰면 판매가 이루어진다고 유혹하지요. 하지만 광고를 조금이라도 돌려본 사람이라면 알 겁니다. 지속적으로 고효율이 유지되는 광고 방식이나 카피라이팅은 존재하지 않는다는 걸요. 어떤 타깃에게, 어느 시기에, 어떠한 매체에서 사용되었는지도 모르는 자료를 덜컥 구입해 사용하는 것. 저는 절대 추천하지 않습니다.

'어? 나는 카피 문구 구입해서 사용했는데도 효과를 봤는 걸?' 하는 분들이 있을지 모르겠지만 운이 좋았던 게 아닐까 싶습니다. 마케팅이나 홍보 분야에서의 오해 역시, 앞에서 말한 '나의 포지션에 대한 잘못된 이해'로부터 기인합니다. 그 럴듯한 카피를 만드는 것이 목표라면 패턴화된 문구를 써도 크게 문제가 될 것은 없습니다.

하지만 퍼스널 브랜딩에서 이 방식은, 글쎄요. 전국을 대 상으로, 더 나아가 글로벌하게 광고할 수 있는 수준의 기업 이라면 모르겠지만 퍼스널 브랜딩은 거창함과는 거리가 멉 니다. 꾸준히 '제대로 된 방향으로' 글을 써 내려가야 효과를 볼 수 있습니다. 자본력을 바탕으로 많은 이에게 노출하는 전 략이 불가능하니까요.

카피라이팅과 관련된 책에서 말하는 카피라이팅 방법들 은 대개 다음과 같습니다.

첫 문장(혹은 제목)은 후킹으로 시작합니다. 모순되는 표현 으로 의아함을 자아낸다거나 제목 중간에 키워드 하나를 의 도적으로 누락시키거나 어떻게든 클릭과 관심을 유도하는

데 목적을 두지요.

그다음에는 문제를 인식시키는 과정이 이어집니다. 이러한 문제를 겪고 있지 않냐면서요. 그러고나서 문제를 한 번 더 강하게 인식시키는 과정을 거친 후 그 문제를 해결할 수 있다며 몇 가지 방법을 제안합니다.

마지막으로 조바심을 유도합니다. 예를 들면 '지금 당장 행동하게 만들기(CTA : Call To Action, 사용자의 반응을 유도하는 요소)'가 있습니다. "24시간 뒤에 가격이 상승합니다."와 같은 문구를 사용해야 한다고 주장하지요.

퍼스널 브랜딩의 장점은 개개인의 색채가 빛난다는 점에 있습니다. 굳이 회색빛 카피를 선택하지 않았으면 합니다.

브랜딩과 희소성

브랜딩은 결국 사람과 사람의 관계입니다. 온라인이라고 해도 크게 다르지 않습니다. '누구나 혹하는' 마법 같은 정형화된 공식이 존재한다는 믿음부터 버려야 합니다. 이번 챕터에서 말한 브랜딩에 관한 세 가지 문제를 다시 한번 짚어보겠습니다.

1. 본인이 노출되는 시점에 대한 이해

2. 들이미는 글쓰기로는 본인의 가치가 입증되지 않는다

3. 성공하는 글쓰기 공식은 존재하지 않는다

이 셋을 인지하고 나아가면 희소성이 생깁니다. 지금은 포털 사이트에서 무엇을 검색해도 거의 모두가 광고입니다. 메인 키워드•의 90% 이상의 게시물이 광고인 경우도 많습니다. 분명 다른 블로그인데도 사진은 동일한 경우도 있지요. '이거 아까 봤던 그 사진인데…'라는 생각이 들지요.

사람들은 피곤합니다. 온라인 어디를 클릭해봐도 자기 이야기가 진짜라고 믿어달라고 소리치는 광고투성입니다. 자발적으로 찾아서 보고 싶은 이야기는 하나도 없습니다.

우리는 어떻게 하면 될까요? 자발적으로 끌림을 느끼는 포인트를 하나씩 공략해가면 됩니다. 오히려 좋습니다. 다들 후킹에 혈안일 때 우리는 정반대로 접근해보는 겁니다.

● 핵심적인 단어. 예를 들어 메인 키워드가 '강아지 사료'라면, 서브 키워드는 '강아지 사료 추천'입니다.

🗂 비밀 댓글

저는 독립한 영어 강사인데요. 다들 영어 잘하니깐 영어콘텐츠로 유튜브를 해보라고 해요. 추후 나를 알리는 데 도움이 될 거라나요. 퍼스널 브랜딩이 필요하다는 생각은 들어서 영어 콘텐츠를 차근차근 올릴 계획을 하고 있습니다. 저처럼 1인 기업을 준비하는 사람에게 가장 필요한 역량은 무엇일까요? 어떤 목표를 향해 나가는 것이 좋을까요? 구독자 수를 늘리는 것에 중점을 두어야 할지 콘텐츠 품질에 중점을 두어야 할지도 궁금합니다.

└, '아, 내가 영어를 잘하니까 영어를 알려주는 유튜브를 시작하면 되겠다'라는 논리가 얼마나 빈약한 것인지 진행하다 보면 깨닫게 되는 때가 옵니다. 내게 있어 영어는 강점일지 모르지만, 시장에서는 그야말로 발에 치이는 흔한 콘텐츠이기 때문입니다.

그러므로 팔릴 만한 인사이트나 혹하는 느낌이 함께 기획되어야 합니다. '좋은 콘텐츠로 성공한다'는 정공법으로는 승부를 볼 수 없다는 뜻이지요. 정공법으로 승부가 가능한 분이라면 고민 상담이 필요하지 않았을 겁니다. 여기에서의 정공법이란, 강의 실력이나 스펙이 엄청나거나 외모가 빼어나거나 한 것입니다.

유용한 콘텐츠를 꾸준히 포스팅하면 수익을 올릴 수 있다고 생각하여 도전하는 이들이 많지만, 그리 녹록지 않습니다. 차별화 포인트가 없는 콘텐츠는 다른 이들의 것과 크게 다르지 않습니다. 그러므로 지속해서 '뭔가 다른 느낌'을 만들어내야 합니다. 뻔한 영문법 공식이나 공부 루틴 말고, '어감으로 해석해내는 스킬'처럼 뭔가 '다른' 느낌을 말이지요. 이런 것들을 만들다 보면 삶이 재미있어집니다. 창작의 재미라고나 할까요. 종일 황금 키워드를 찾는 것보다는 훨씬 더 흥미로울 것입니다.

'모두를 강렬하게 유혹할 수는 없지만 약간의 끌림은 만들어낼 수 있겠다'라는 수준으로 기획해보세요. '모두'를 만족시키려 할수록 오히려 선택에서 멀어집니다. 내용이 부실해지고 핵심이 없어지거든요. 범위를 좁힌다면 모두에게 선택받지는 못하겠지만 특정 상황에 있는 누군가에게 선택받을 확률은 높아집니다.

그렇기에 1인 기업을 준비하는 사람에게 가장 필요한 능력은 바로 '범위를 좁히는 능력'이라고 할 수 있습니다. '모두에게 기억되는 성공'을 바라서는 안 됩니다. 성공에는 어느 정도의 운이 작용합니다. 그러나 작고 소소한 성공은 기획으로 충분히 만들어낼 수 있습니다.

📋 비밀 댓글

퍼스널 브랜딩을 잘 해내고 싶어요. 책도 쓰고 강의도 다니고 돈도 많이 벌고 싶습니다. 그런데 주제를 정하지 못하겠어요. 다들 '잘하는 것과 좋아하는 것'을 찾으라고 하는데요. 창피한 말이지만 딱히 잘하는 것이 없어요. 유튜브나 넷플릭스를 보는 걸 좋아하긴 하지만 열성적으로 무언가를 좋아하는 것은 없어요. 그래서 고민이에요.

└, 잘하는 건 딱히 없지만 사람들이 나를 많이 좋아해주고 환호해주길 바란다고 말하는 것처럼 들리네요.

목표하는 바를 확실하게 하는 것이 중요합니다. 만약 누군가의 칭찬을 목표로 하는 것이라면 지쳐 포기할 가능성이 큽니다. 타인의 칭찬을 끌어내야 하니 거짓을 보태거나 과대 포장을 할 수밖에 없을지도 모릅니다.

그러므로 목표는 다른 사람의 환호나 칭찬이 아닌 '내 생각'을 '공개'하는 것으로 삼아보세요. 우리의 목표는 세상 모든 사람에게 '인정'받는 것이 아닙니다. 그건 불가능한 일이지요.

또 하나, 세상에는 진정으로 자신이 원하는 일을 찾지 못한 사람도 많습니다. 시간만 흘러가고 마음은 점점 조급해지는데 어디로 나아가야 할지 정하지 못 한 상황 말입니다. 그렇기에 '내 머릿속의 고민을 기록하는 일'은 큰 도움이 됩니다. 여기서 중요한 점은 고뇌하는 그 내용을 적나라하게 기록해보는 연습입니다. 그럴듯하게 폼을 잡거나 자기 합리화를 하지 않고 솔직하게 적어보는 것이지요. 어쭙잖게 포장된 글은 다들 눈치챕니다. 오히려 약점이 드러나는 솔직한 글에 다들 끌림을 느낍니다.

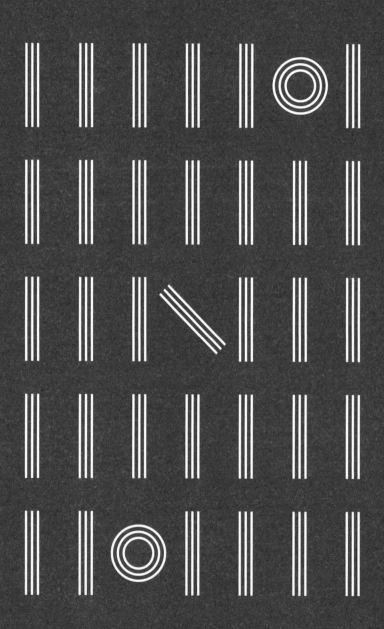

Chapter 2.

퍼스널 브랜딩과 일기장을 구분하지 못하는 사람들

퍼스널 브랜딩에 관심을 둔다는 것 자체가 이미 전문성이 부족하다는 뜻입니다. 퍼스널 브랜딩이라는 단어를 몰라도 상위 0.1%의 성적, 외모, 재력 등 브랜딩이 완료되어있는 사람이 있어요. 하지만 대다수는 그러지 못합니다. 그런 성취를 만들어내는 것 또한 쉽지 않습니다. 그럴 경우 소소하게 이야기를 풀어나가면 됩니다.

전문성이 없는 이의 글도 충분히 끌림 포인트를 만들어낼 수 있습니다. 괜히 허세를 부리지 않는다면요. 지금의 내 생각을 있는 그대로 적어보세요. 이를 쉽게 행동으로 옮기지 못한다면 그 이유는 대부분 '나는 대단한 무언가를 해내는 사람이야'라고 말하고 싶은 마음이 커서일 것입니다.

'무엇을 했다'는 일기장에

퍼스널 브랜딩 분야에 있어서 가장 손쉽게 떠올릴 수 있는 예시가 연예인이다 보니 많은 사람이 이에 대한 잘못된 환상을 갖고 있습니다. 바로 '내가 알려지는 것'을 퍼스널 브랜딩으로 이해하는 건데요. 물론 유명해진다면 좋겠지만 쉬운 일이 아닙니다. 앞서 강조했지만 퍼스널 브랜딩을 고민한다는 것 자체가 뚜렷한 강점이 없는 평범한 사람이라는 뜻이니까요.

매일의 일상을 올린다고 해서 그 사람을 좋아하는 이들이 생기지는 않습니다. 그렇다면 상대적으로 쉬운 방법은 무엇일까요? 나라는 사람 자체를 알리는 것보다 더 쉬운 방법이 있습니다. 바로 '특정한 분야'에 탑승하는 것입니다. 특정한 분야와 내가 함께 떠오르도록 만드는 것이지요. 이번 챕터는 이런 시각으로 살펴볼까 합니다.

대표적인 착각 : 과한 의미 부여

"하루에 글을 하나씩 올려야지. 내 일상, 내 생각을 꾸준히 글
올리다 보면 언젠간 나만의 브랜드가 생겨날 거야. 우선은 어
제 본 영화 감상문을 올리고 자야겠다."

"꾸준히 글을 쓰는 것이 가장 중요해. 아무 글이라도 좋으니 일
단은 업로드하는 것을 목표로 삼아야지. 매일 뭐라도 쓰다 보
면 뭐라도 되겠지."

대표적인 오해입니다. 글이 하나씩 차곡차곡 쌓이는 느
낌이 '내가 성장하고 있다'라는 착각을 불러일으킵니다. '글
이 쌓인다'는 것은 퍼스널 브랜딩과 큰 연관이 없습니다. 여
기서 중요한 포인트인 '쌓이는 느낌'에 대한 구분이 필요한
데요. 단순히 숫자가 올라간다고 해서 쌓이는 것이 아닙니
다. 게시글 수, 방문자 수, 좋아요 수 등이 생각보다 중요하
지 않습니다. 정말로 중요한 것은, 어떠한 글이 쌓이느냐가
중요합니다.

그러면 앞에서 언급한 오해는 왜 생기는 것일까요? 또 '내가 성장하고 있다'라는 착각이 드는 이유는 무엇일까요?

'새로운 무언가가 늘어난다'는 점에만 집중했기 때문입니다. 일상을 꾸준히 블로그에 업로드하다 보면 방문자가 늘어나고 블로그 이웃도 생깁니다. 댓글이 달리며 소통이 일어납니다. 광고 문의도 여럿 들어오지요. 운 좋게 인기 검색어 최상단에 노출되면 그날만 몇천 명 혹은 몇만 명 이상이 방문하기도 합니다. 우리는 여기에 과한 의미를 부여하기 시작하죠. 앞서 말한 '강남역에서 소리 지르기'처럼요.

"블로그 하루 방문자 수가 3천 명이 넘었어."
"무슨 글을 올려도 한 시간 안에 '좋아요'가 50개는 찍히네."

자신감이 생깁니다. 블로그에 방문하는 이들이 하루에 3천 명이라니… 인플루언서가 된 것만 같습니다. 실제로 체험단 조건에 충족합니다. 이것저것 무료로 이용해볼 수 있습니다. 포스팅만 해주면 무료로 값비싼 제품도 이용할 수 있고 유명 식당에서 식사도 할 수 있습니다. 블로그에 하루에 5천 명이 방문한다고 가정해볼까요? 쉽게 도달할 수 없는 대단한 수치임에는 분명합니다만, 대부분의 유입 경로가 'A지역 맛집 추천'이나 'B호텔에서의 호캉스 후기'와 같은 글이라면 당신이라는 브랜드에 관심이 있는 게 아닙니다. A지역 맛집과 B호텔에 관심 있는 것입니다.

그들은 당신이 찍어온 사진만 훑어보고 나갑니다. '아 이런 느낌의 장소구나' 당신에 대한 기억은 전혀 남지 않습니다. 블로그 이름은 무엇이며 어떤 글을 쓰는 사람인지 기억도 관심도 없습니다. 그들이 나쁜 것이 아닙니다. 우리도 그렇잖아요. 가장 최근에 했던 검색을 떠올려보세요. 그때 본 글을 작성한 사람에 대해 기억나는 바가 있나요? 거의 없을 것입니다. 기억되지 않는 것입니다.

가치있는 브랜딩을 위한 콘텐츠란?

검색어로 유입되는 이러한 글들은 기사에 가깝습니다. 정보 전달에 특화되어있으니까요. 정보 전달을 목표로 하고 그걸 보는 사람도 정보만을 원합니다. 기사와 같은 글은 퍼스널 브랜딩과는 거리가 멉니다. 더 나아가 본인은 가치 있는 정보를 제공한다고 생각하지만 현실은 그렇지 않을 수 있습니다.

공유기 설치하는 방법

스타벅스 할인 방법 정리

친척 항렬 계산하는 방법 총정리

30대에 꼭 해야 하는 30가지

새벽에 일어나면 좋은 점 10가지

친절한 사람이 되기 위한 10가지 방법

누군가에게 필요한 정보를 제공한다는 점에서 이런 제목의 글은 훌륭합니다. 티스토리•나 워드프레스로 애드센스 수입을 올리기 위한 목적으로도 좋지요. 실제로 애드센스 수입을 노리는 블로거들이 주로 택하는 주제이기도 합니다. 분명한 니즈가 있으니까요. 위에서 열거한 내용 말고도 '양파의 효능', '목이 뻐근할 때' 식의 키워드를 잡아서 글을 쓰는 이도 있을 겁니다. 누군가는 이 키워드를 검색할 것이고, 그 사람은 당신의 글을 읽고 필요한 정보를 얻어가겠지요.

다만 퍼스널 브랜딩과는 거리가 멉니다. 당신을 사람으로 대하는 것이 아니라 가이드북 혹은 기능으로 보는 것이지요. 기능을 포지션으로 두지 마세요. 기능을 포지션으로 하여 가

● '티스토리'란 블로그 플랫폼 중 하나이고 '워드프레스'는 웹 사이트를 제작하는 툴입니다. '애드센스'나 '애드포스트'는 블로그나 웹 사이트의 지면을 광고주에게 빌려주는 개념으로 각각 구글과 네이버로부터 수익을 얻을 수 있습니다.

능한 브랜딩은 뉴스와 정보 사이트밖에 없습니다. 이는 개인이 해낼 수 있는 영역이 아니지요. 혼자서는 시간적으로 한계가 있으니까요. 만약 이를 원한다면 마음이 맞는 몇 명이 함께 팀을 이루어 사이트를 만들고 글을 업로드하는 것이 좋습니다. 기능의 포지션으로 살아남으려면 어느 정도의 발행량은 기본적으로 갖춰져야 합니다.

여기까지 간단하게 정리해보면요. 방문자 수, 누적 발행한 게시물 수 등 수치가 올라가면 온라인상에 자산이 쌓이는 느낌이 듭니다. 하지만 이들을 모두 단순 정보성, 기능성 포스팅으로 이룬 것이라면 브랜딩에 큰 도움이 되지 않습니다. 내가 이야기하는 주제, 내가 방문한 장소 등에 대한 정보가 필요해서 방문한 수치일 뿐 '나'라는 사람이 궁금해서 올라간 수치가 아니기 때문입니다. 이는 진정한 맥락에서 '쌓이는' 것이 아닙니다.

그렇다면 어떻게 해야 진정으로 브랜드 가치를 쌓을 수 있을까요? 다시 퍼스널 브랜딩 이야기로 돌아옵시다. 인간관계에서도 비슷한 일이 종종 벌어지는데요. 관계를 사람 자체보다는 하나의 필요로 보는 것입니다. 예를 들면 치과의사가 있습니다. 그는 종종 이렇게 말합니다.

"사람들이 나를 '치료 비용 아낄 방법'으로 대하는 것 같아서 화가 나. 치과의사라는 직업을 밝히면 표정이 변하면서 싸게 해줄 수 있냐는 질문부터 쏟아내거든."

우리의 목표는 '자판기'가 아니라 '사람'으로 인지되는 것입니다. 퍼스널 브랜딩의 핵심이지요. 핵심을 놓치고 앞서 언급한 얕은 지식만을 주제로 한 글을 쓴다면 브랜딩은 절대 이루어지지 않습니다. 이미 세상에 수없이 많은 지식을 업로드하는 것은 자판기 포지션을 꾸준히 고수하는 행동입니다.

비슷한 예를 더 들어볼까요? 편의점을 떠올려보세요. C편의점에 손님이 바글대면 G편의점으로 가면 그만입니다. 이사를 가도 심지어 여행을 떠나도 편의점은 항상 주변에 많이 있으니까요. 편의점은 '기능'으로 인지되는 겁니다.

얕은 지식 콘텐츠도 이와 비슷합니다. 궁금할 때마다 '~하는 방법'을 검색하면 비슷한 내용을 이야기하는 포스팅이 수없이 나오니 하나도 아쉬운 것이 없습니다. 시간이 흘러 당신의 포스팅이 3페이지, 5페이지, 10페이지 뒤로 밀려나도 사람들은 상관없습니다. 비슷한 또 다른 블로그를 열어보면 그만입니다.

일반적인 글과 퍼스널 브랜딩 글의 차이

그렇다면 퍼스널 브랜딩 글쓰기는 일반적인 글쓰기와 구체적으로 어떻게 다를까요? 온라인상에 글을 써서 무언가 실질적인 이득을 얻으려고 하는 사람들 대다수가 '정보성 글'을 작성해야 한다고 믿습니다. 정보를 정리해서 전달하는 글쓰기가 효과가 있다고 보는 거지요. 틀린 말은 아닙니다. 하지만 정보를 스토리 안에 녹여서 전달할 수 있다면 그 효과가 극대화됩니다. 이 지점이, 제가 생각하는 '퍼스널 브랜딩 글쓰기'와 '일반적인 정보성 글쓰기'의 차이입니다.

예를 들어 어려운 법률 용어나 세무 지식 등을 다루는 포스팅이라고 한다면 대부분 용어의 정의와 사례를 타 블로그나 나무위키 등에서 긁어와 포스팅을 완성합니다. 그래서 온라인상에 업로드된 글들이 서로 엇비슷한 경우가 많습니다. '재난지원금 신청법'이라고 검색해보세요. 대부분의 포스팅이 매우 유사합니다. 목차부터 전개 흐름까지요.

이보다는 스토리 안에 내가 왜 이 주제에 관심을 갖게 되었는지, 내가 처음 했던 오해는 무엇이었는지 등의 글거리를 자연스럽게 녹여 전달하는 것이 더 깊은 반응을 유도합니다. 이에 대해서는 이어서 자세히 살펴보도록 하겠습니다.

퍼스널 브랜딩과 일기장의 차이 : 가치를 입히는 방법

SNS 플랫폼도 여럿이고, 그곳에서 수익을 얻을 수 있는 방법도 많아졌습니다. 방문자 수가 많으면 애드센스나 애드포스트 등의 광고 수입을 올릴 수 있고요. 체험단, 광고 제안도 받아볼 수 있습니다. 그런데 광고 문의가 오는 이유가 나의 가치 때문이 아니라는 게 생각해볼 문제입니다. 비유하자면 정말 맛있어서 맛집이 된 것이 아니라 지하철역 근처와 같은 목이 좋아서 맛집이 된 거라고 이해하면 됩니다. 이런 경우 오프라인에서는 별문제가 없습니다. 지하철역이 하루아침에 이동하는 일은 없을 테니까요.

하지만 온라인에서라면 이야기가 달라집니다. 웹상에서는 시도 때도 없이 '교통'이 변화합니다. 알고리즘의 변화가 일어나 갑자기 검색 노출이 뒤로 밀려나는 경우가 빈번하지요. 게다가 구체적으로 무엇이 문제인지 어떻게 해결해야 할지 알 수 없는 경우가 허다합니다. 검색 점유율이 지속해서 하락할 수도 있고요(타 플랫폼으로 이주한다는 의미이지요).

이런 상황에서 우리가 할 수 있는 일은 없습니다. 그동안 맛보다는 지리적인 이점으로 승부했다면 무척 당황스러울 것입니다. 더 이상 사람들이 내 가게에 올 이유가 없어진 것이잖아요.

그렇기에 가치 있는 글을 추구해야만 합니다. 가치가 발생하는 순간을 '검색 상단에 노출되는 것'이라고 이해해서는 안 됩니다. 사람들이 많이 본다는 것이 가치가 높아지는 것을 의미하지 않습니다. 이를 이해하지 못한 사람들이 '검색 상단에 걸리는 방법'을 찾아 헤맵니다. 요즘은 이와 관련한 강의도 정말 많지요. 이를 '최적시킨다'라고 표현하는데요. 이는 부가적인 요소입니다. 사실 비용을 조금만 써도 방문자 수를 올릴 방법은 많습니다. 문제는 방문자의 마음을 훔치는 일이지요.

나 자신을 상품화하려면 조금 다른 전략을 취해야 합니다. 수치를 높이는 전문성이 아닌 '관점적인 전문성'을 확보해야 합니다. 관점적인 전문성이라고 하니 뭔가 어렵나요? 무슨 말인지 직관적으로 이해가 되지 않을 수 있습니다. 자세히 풀어보겠습니다.

일기장과 퍼스널 브랜딩의 가장 큰 차이는 주체적인 방향성의 유무입니다. 일기장은 사건이 우연히 일어납니다. 퍼스널 브랜딩은 사건이 삶의 여정 속에서 일어납니다. 그리고 '여정 속'에서 '사건이 일어나는' 분위기를 만들려면 '두 가지를 엮을 수 있는 기획력'이 필요합니다.

일기장 같은 채널은 시간 때우기에 좋습니다. 사전 지식도 필요 없고 웹 소설이나 웹툰을 보는 것처럼 편하게 즐기고 잊어버려도 부담이 없습니다. 하지만 이런 채널은 사건이나 장소가 주인공입니다. 사람들은 나라는 사람이 아니라 사건과 장소 자체에 관심을 갖습니다. 글쓴이는 그냥 자판기에 불과합니다.

일러스트레이터 A와 B 이야기

이해를 돕기 위해 예를 들어 이야기를 해볼게요. 프리랜서 일러스트레이터 A와 B가 있습니다. 둘 다 퍼스널 브랜딩을 통해 지속적으로 클라이언트를 모집하는 것이 목표입니다. 자신의 작업물을 보여주고 포트폴리오와 팬층을 쌓아가고 싶습니다. 나중에는 일러스트와 관련한 클래스도 개설하고 싶고 책도 쓰고 싶습니다. 좋아하는 작가들과 협업하며 하나의 브랜드를 론칭해보고 싶기도 하고요.

분야는 다르겠지만 퍼스널 브랜딩을 목표로 하는 많은 이가 그리는 이미지도 이와 비슷하겠죠? 자신을 브랜딩해서 출판, 클래스 개설, 회사 설립 등의 순서로 나아가고자 하는 것이지요. 플랫폼은 개인의 특성에 따라 블로그, 인스타그램, 유튜브, 틱톡 등에서 선택하면 되고요.

우선 일러스트레이터 A는 블로그에 카테고리를 분리했습니다. 특정 게시판에는 일상을 올리고, 다른 특정 게시판에는 일과 관련된 포스팅을 꾸준히 연재했지요. 블로그에는 의뢰를 받아 제작한 일러스트를 소개하는 포스팅과 집 근처 맛집을 방문한 포스팅 등이 쌓였습니다. '일러스트레이터로서의 나'와 '일상 속의 나'가 분리되어서 말이지요.

그런데 이는 효과적인 방식이 아닙니다. 잘못된 것이라고 오해하지 마세요. 브랜딩을 조금 더 깊게 효과적으로 할 수 있는 방법이 있다는 뜻입니다.

일러스트레이터 A의 방식은 왜 효과적이지 않을까요? 사람이 아니라 기능으로 이해되기 쉽기 때문입니다. '일러스트레이터로서의 나'와 '일상 속의 나'를 분리하면 할수록 단편적으로 기억되기 쉽습니다. 일러스트를 그려주는 사람으로만 기억됩니다. 자판기처럼 돈을 넣고 버튼을 누르면 내가 고른 제품이 나오는 기능으로만 이해되는 것이지요.

이는 편의점 아르바이트생 포지션으로도 이해할 수 있습니다. 편의점에서 아르바이트생은 관계를 맺기 위해 마주하는 사람이 아닙니다. 구입하려는 물건을 계산해주는 사람입니다. 인사를 건넬 수도 있고 감사를 표할 수도 있지만 관계를 맺는다는 생각은 들지 않는 것이 일반적이지요.

그렇다면 일러스트레이터 B는 어땠을까요. B의 포스팅은 결이 조금 다릅니다. 보통 사람들은 식당에서 식사한 후 '맛이 있다, 없다', '재방문 의사가 있다, 없다', '가성비가 좋다, 좋지 못하다' 등의 내용으로 글을 채웁니다. 중간중간 사진 한두 장을 넣고요. 하지만 B는 해당 경험을 직업적으로 풀어냈습니다. 거창하게 쓰지는 않았지만요.

일러스트레이터 B 님의 블로그　　　　　　URL 복사 　이웃

전체적으로 블루 앤 화이트 톤으로 디자인된 공간인데, 손님들이

대부분 진한 갈색 옷을 입고 있다. 색 밸런스가 망가졌다. 직업 특성상 눈에 거슬렸지만 참을 만했다. 하지만 빨간 옷을 입은 커플이 등장하는 순간, 소리를 지를 뻔했다. 파랗고 하얀 공간에서 휴식을 취하려던 나의 계획은 물거품이 되었고 사람이 붐비지 않는 시간대에 다시 와야겠다는 생각이 들었다.

일러스트레이터 B 님의 블로그   URL 복사 [이웃]

내가 먼저 주문했는데, 옆자리 메뉴가 먼저 나왔다. 이해는 된다. 내 메뉴는 조리 시간이 긴 것이었고, 옆 사람은 간단한 메뉴였으니…. 그런데 썩 유쾌하지는 않았다.

갑자기 얼마 전 일이 생각난다. 지금과 비슷한 상황. 웹 소설의 표지 의뢰가 들어왔고 몇 시간 뒤 간단한 로고 제작 문의가 들어왔다. 로고 제작은 가안을 잡아서 보내왔길래 빠르게 작업을 마칠 수 있을 것 같아 그 작업부터 했다. 그리고 별생각 없이 인스타그램에 올렸는데, 웹 소설 표지를 의뢰한 분의 불평 섞인 메시지가 날아왔다.

분명히 내 앞에 밀린 의뢰가 하나도 없다고 했는데, 왜 다른 것이 먼저 처리가 되었느냐는 내용. 답을 하면서도 억울했다. 기일 내에만 완성하면 되는 것이 아닌가. 죄송하다는 메시지는 보냈지만 마음 한편으로는 화가 났다. 그런데 지금 옆자리 메뉴가 먼저 나온 것을 보니 의뢰자의 마음을 알 것 같기도 하다. 역시 사람은 그 상황에 처해봐야 해. 파스타 집에 와서 반성하고 간다.

일러스트레이터 B 님의 블로그 　　　　　　　URL 복사　이웃

하얀색의 크림 파스타. 갑자기 문득, 파스타가 파란색이면 어떨까 하는 궁금증이 떠올랐다. 음식을 먹기 전, 사진을 찍는 버릇이 있어 다행이다. 집에 도착하자마자 아까 찍었던 사진을 포토샵으로 불러왔다. 그리고 파스타를 파랗게 물들여봤다. 머릿속에 떠올랐던 이미지와 전혀 달라 깜짝 놀랐다. 왜 파란 파스타를 안 만드는지 알 것 같기도. 솔직히 안 먹게 생겼다.

　전문적으로 보이진 않지만 본인의 경험을 직업적인 관점으로 풀었습니다. 이 접근법은 읽는 이의 몰입을 유도합니다. 경험이 직업적으로 표현되어 있으니까요. '스토리텔링' 전개 방식의 장점입니다. 재방문 의사가 있고 없고 가성비가 좋고 나쁘고 정도의 이야기가 아니라 다른 수준의 경험을 나누고 있다는 인상을 받게 합니다. 접점이 없을 것 같은 두 개의 세계가 하나로 엮입니다. 일상과 분야가 한데 엮이는 순간, 끌림을 느낍니다. 매력이 발생하는 포인트입니다. 이 지점에서 발생하는 매력은 단순히 방문자나 팔로우의 숫자 카

운팅이 아닙니다.

　바로 B의 정체성으로 경험이 재해석되는 것인데요, 일러스트레이터 직업을 가진 주인공이 나오는 소설을 읽는 것 같습니다. '아, 일러스트레이터는 세상을 이렇게 바라보는구나'라는 생각이 들게 합니다. 세상일을 다채롭게 볼 수도 있다는 인상을 받게 하지요. 이러한 글이 쌓일수록 자연스레 브랜딩이 됩니다. 앞의 예시글 세 개는 전문성과는 거리가 있는데도 퍼스널 브랜딩이 이루어집니다.

　한번 생각해보세요. 끌림을 느끼는 사람들을요. 생각보다 '전문성'이 차지하는 비율은 낮습니다. 이는 특정 대회에서 수상을 했다거나 고액의 계약을 따냈다거나 대한민국에서 가장 좋은 대학을 졸업했다거나… 하는 식의 '들이미는' 내용 없이도 충분히 매력을 만들어낼 수 있다는 뜻입니다.

　퍼스널 브랜딩에서의 매력은 수치에서 나오지 않습니다. 수치로 자신의 대단함을 표현하고자 한다면 필연적으로 지치게 될 것입니다. '나는 몇 개월 만에 이러저러한 성과를 이루었으니 이 정도 수치를 기록하지 못 한 사람들보다 대단하다'는 논리로 본인을 포장하지 마세요. 다시 하면 같은 결과가 나올지 장담할 수 있나요? 그보다 더 높은 수치를 기록하는 사람도 많을 거고요.

실력이 없어도 된다는 이야기가 아닙니다. 실력 향상에 초점을 맞추고 꾸준히 노력을 해야 한다는 점은 맞습니다. 하지만 자신의 실력을 일차원적으로만 보여준다면 자판기로 인지될 뿐이라는 점을 강조하는 겁니다.

퍼스널 브랜딩의 목적은 '입체적인 나'를 구성하는 것입니다. 그리고 입체적인 나를 구성하는 가장 확실한 길은 내가 세상을 바라보는 관점을 기록해나가는 것이지요. 나만의 시각 말입니다. 이것이 앞서 말한 '관점의 전문성'이라고 할 수 있습니다.

숫자, 위상, 권위, 스펙에만 집중한다면 자신도 부담을 느끼게 됩니다. 글을 읽는 이들에게 대단한 서비스를 제공하거나 현 상황에 대한 구체적인 진단, 혹은 솔루션을 제공해야 할 것만 같으니까요.

글에는 '정답/진단/솔루션'만 오가는 것이 아닙니다. '경험과 생각'이 오가기도 하지요. 경험에는 옳고 그름이 없습니다. 그렇기에 부담 없이 시작할 수 있습니다.

예시 : 서평

지금 읽고 있는 이 책의 서평을 남긴다고 해봅시다.

책의 요약과 함께 이러이러한 점이 좋았고 이러이러한 점은 아쉬웠다 정도의 서평도 나쁘지 않습니다. 글을 쓰는 행위가 점점 희소해지고 있는 이 시대에 내 생각을 기록하는 행동은 그 어떤 것이라도 가치가 있습니다.

책읽는사람 A 님의 블로그   URL 복사 이웃

책 제목 : 〈내 생각과 관점을 수익화하는 퍼스널 브랜딩〉

저자 : 촉촉한마케터

읽은 날 : 2022년 8월 7일

이 책은 전반적으로 퍼스널 브랜딩을 다루고 있다. 1장에서는 작가의 시각을 적나라하게 담고 있다는 느낌을 받았다. 인트로에서 '후킹이 없다고 후킹하는 책'이라는 표현을 사용했는데, 내가 느낀 바와 비슷해서 놀랐다. 전개 방식은 스토리텔링 타입으로 어렵지 않게 페이지를 넘길 수 있어서 좋았다.

3장부터는 글의 느낌과 관련된 이야기가 주로 진행되는데, 이 파트를 요약하자면…

이 정도가 되겠네요. 앞서 '내 시각'보다 '내가 경험한 것'이 강조되는 상황은 피해야 한다고 했는데 위의 글은 대표적

인 '경험한 것' 위주의 글입니다. 주도적이라는 느낌이 들지 않습니다. 내 시각과 주장이 없는 단순 리뷰에 가깝습니다.

　여기서 잠깐, 맞아요. 서평을 읽는 이들은 어쩌면 글쓴이의 생각보다는 책의 내용을 요점 정리해둔 글을 좋아할지도 모릅니다. 실제로 책의 핵심 정보만 빠르게 파악하기 위해 검색하는 사람도 많으니까요. 저도 가끔 책 전체를 읽기 부담스러울 때, 책 제목을 검색해서 서평을 훑어보곤 합니다. 그렇다고해서 요점 정리 위주로 글을 쓴다면 '편의점 포지션'에 지나지 않습니다. 핵심 정보만 빠르게 파악하려는 사람들을 위한 포스팅은 수도 없이 많이 존재합니다. 그것은 그들에게 맡기세요.

　우리는 한 걸음 더 나아갈 수 있습니다. 내가 퍼스널 브랜딩을 하고자 하는 아이덴티티로 해석해보는 것이지요. 예를 들면 다음과 같습니다.

디자인하는 사람 B 님의 블로그   URL 복사   이웃

책 제목 : 〈내 생각과 관점을 수익화하는 퍼스널 브랜딩〉

저자 : 촉촉한마케터

읽은 날 : 2023년 2월 3일

말하듯이 쓴 책은 오랜만이다. 전반적으로 퍼스널 브랜딩에 대한 이야기를 다루는데, 색다른 관점이라서 흥미롭게 읽을 수 있었다. 그런데 중간중간 볼드 처리된 부분의 폰트가 아쉬웠다. 지식을 전달하는 글과는 결이 맞지 않는 느낌. 무엇을 전달하고자 하는지는 알겠는데, 선택이 잘못됐다고 생각했다. 그것보다는 ㅇㅇ 폰트를 사용했다면 더 좋았을 텐데. 요즘 맡은 프로젝트도 이와 비슷한 상황인데, 지식을 전달해야만 하면서도 에세이 같은 느낌이어야 해서 참 애매했다. 나는 이 방식을 ㅇㅇ폰트로 해결했다. 또 이 책의 중간중간 도식을 활용해서 시각적으로 와 닿을 수 있는 장치를 마련했어야 한다고 본다. 무엇을 말하는지 작가 본인은 생생하게 그려지겠지만 이를 읽는 사람의 입장에서는 흐릿하게 인지된다는 느낌이 남아있다. 직업이 직업이다 보니 이런 것들만 보인다, 요즘은.

마케팅하는 사람 C 님의 블로그 　　　　URL 복사 　이웃

책 제목 : 〈내 생각과 관점을 수익화하는 퍼스널 브랜딩〉

저자 : 촉촉한마케터

읽은 날 : 2023년 3월 19일

본인은 후킹이 없다고 하는데, 내가 보기에는 이 책이야말로 후킹 덩어리다. 그런 점에서 마케팅 포지션 선정이 탁월하지 않았나 싶다. 에세이와 자기계발서, 그 사이 어딘가에 위치한 이 책은 솔직히 여러모로 마음에 든다. 하지만 특이한 취향을 갖고 있는 마케터인 내 맘에 들었다는 것은 일반인에게 인기를 끌 수 없다는 뜻인데 좋은 건지는 모르겠네.

그래서 앞서 말한 후킹하지 않은 후킹에 대해서는 고민이 필요하지 않을까 싶다. 마케팅 관련 책들이 취하는 일반적인 포지션과는 차별화 시도를 둔 듯. 원래 이러한 부류의 책은 출판과 동시에 인사이트 관련 인스타 계정 협찬을 돌리는 편인데 인사이트 계정보다는 감성적인 글을 남기는 계정과 톤이 맞는 것 같다.

취업을 준비하는 사람 D 님의 블로그　　　URL 복사　이웃

책 제목 : 〈내 생각과 관점을 수익화하는 퍼스널 브랜딩〉

저자 : 촉촉한마케터

읽은 날 : 2023년 8월 18일

조심해야겠다는 생각이 들었다. 이 책에서 사용되는 단어는 개인에게 초점이 맞춰진 터라 기업에서 사용될 때와는 어감이 조금 다르다. A기업의 면접 질문에서 수익과 연관된 단어가 이 책에서는 영향력에 집중하는 단어로 쓰였다.

저자가 강조하는 가치가 취준생인 나에게는 거리감이 느껴질 수밖에 없다. 우아함(?), 고상함(?)을 추구한다는 느낌을 받았는데 일단은 실적을 내서 안정적인 상황을 만든 후에 추구하는 것이 옳지 않을까. 슬픈 현실 하나는 몇 년 전만 해도, 즉 지금처럼 다급하지 않았을 때는 나도 이 저자와 생각이 거의 비슷했다는 점이다. 조금 세상에 물든 것 같기도.

어떤가요? 앞서 예시로 든 리뷰와는 다른 느낌이 들지 않나요? 처음에는 어렵겠지만 이에 익숙해진다면 깊은 수준의 퍼스널 브랜딩이 완성됩니다. 단순한 정보 요약이 아니라 내 생각과 경험이 녹아있기에 온라인상에서의 소통도 자연스럽게 일어날 수 있습니다. 요약한 글에는 소통이 일어날 요소가 그리 없잖아요. 사실이기에 '그런가 보다' 하고 넘어가지요.

글에 주체적인 시각이 스며있다면 의견이 댓글로 달리곤 합니다. 의무적으로 친한 척 댓글을 남기는 얕은 소통이 아니라 진정한 의미의 소통이 시작될 수 있습니다.

자발적으로
내 이야기를 읽는   사람들이 생겨나는
지점

　　퍼스널 브랜딩을 시도했다가 무너지는 순간이 있습니다. 일기장형 글쓰기를 지속하는 사람들이 그러한데요. 나만의 관점이 명확하게 세팅되지 않아서 생기는 현상입니다. 글을 열심히 올리지만 '제대로' 쌓이는 것 같지 않습니다. 핫플레이스에 가보고 새로 나온 전자기기도 구입하고 유행하는 음식 리뷰까지 부지런하게 움직였는데 말이지요.

　　특별한 관점 세팅 없이 일기장형 콘텐츠로 자리를 잡은 사람이 많긴 합니다만, 새롭게 자리를 잡기 위한 언더독● 포지션이라면 관점 세팅을 최우선으로 해야 합니다. 그리고 나

　●　메이저 말고 마이너. 시장에 새로 진입하는 상대적으로 덜 유명한 포지션을 말합니다.

만의 확고한 분야가 생겼다면 그대로 밀고 나가면 됩니다.

전문성이 아니라 '내 관점'을 추구할 것

여러 번 말했듯이 디자이너라면 '나는 세상을 이렇게 바라본다', '이런 경험은 이렇게 해석한다', '디자이너로서 바라본 나의 일상은 이렇게 흘러간다' 등 디자이너가 세상을 바라보는 관점을 꾸준히 기록하는 겁니다.

중요한 점은 객관적인 사실이나 정보를 나열하는 정보 전달형이 아니라 내 생각을 적는 것입니다. '포토샵에서 사진 불러와서 보정하는 방법' 같은 무엇을 어떻게 하면 된다는 글을 쓰는 것만으로는 제대로 된 퍼스널 브랜딩을 이루어낼 수 없습니다. 정보와 지식 류의 포스팅을 고집하는 것은 정답을 말해야만 할 것 같은 강박에 빠진 것입니다. 그러니 생각이나 주장이 정답이 아닐 거라 두려워하지 말고 이를 글로 쓰는 데 주저하지 마세요.

방향성이 정해지지 않은 이들을 위한 조언

퍼스널 브랜딩은 정답을 말하는 것이 아니라 내 생각을 말하는 과정입니다. 타인의 동의를 얻는 것이 목적이 아닙니다. 이를 이해했다면 조금씩 세상에 내 생각을 남긴다는 의도로 나아가면 됩니다. 문제는 방향성이 정해지지 않은 이들인데요. 이런 사람들은 무언가 하고는 싶은데 선뜻 발을 내딛지 못합니다. 그렇기에 다음의 아이디어 수준을 벗어나지 못합니다.

---

1. 특정 카테고리에서 새로 나온 제품을 리뷰하는 사람
2. 특정 장소/이벤트(맛집, 여행 등)를 체험하고 기록하는 사람

흔히 보이는 유형입니다. 만약 흔함에서 벗어나고 싶다면 콘셉트 하나를 추가해야 합니다. 위의 예시는 모두 폭이 넓습니다. 솔직히 누구나 시작할 수 있지요. 누구나 할 수 있는 분야에 한 가지 기획이 덧입혀지면 색다른 느낌을 자아낼 수 있습니다. 지금부터 그 방법을 이야기해보려고 합니다.

1. 특정 카테고리에서 새로 나온 제품을 리뷰하는 사람

많은 사람이 이런 류로 브랜딩하고 있습니다. 그렇기에 쉽

사리 자리를 잡을 수 없지요. 그래서 기획을 하나 덧입혀 봤습니다. 이것을 그대로 따라하라는 것이 아니라 생각을 확장하는 아이디어를 제시한다고 생각해주세요.

예를 들어 새로 나온 책을 리뷰하는 사람이라면 '이 책이 같은 분야의 어떤 책과 상위 호환성을 갖는가'라는 주제로 글을 써보는 것입니다. 비슷한 주제를 다루는 책들은 내용이 비슷할 수밖에 없습니다. 그렇다면 새로 나온 이 책은 먼저 나왔던 이 분야의 다른 책들보다 얼마나 넓은 범위를 이야기하고 있으며 겹치거나 혹은 겹치지 않는 다른 내용은 무엇인지를 분석하는 리뷰어가 될 수 있겠네요. 또는 평점이 낮은 책 중 가치 있는 책을 발굴하는 리뷰어도 될 수 있습니다. 여기서 말하는 '가치'란 주관적인 요소입니다. 겁먹지 마세요. '내가 느끼기에 평점보다 가치가 있었다'라는 주장을 할 뿐입니다. 정답이 없는 분야잖아요.

또는 집단별로 평가가 극명하게 갈리는 책만 리뷰를 할 수도 있습니다. 어떤 책은 현직자에게는 상당히 부정적인 평가를 받았지만 타 부류에서는 상당히 호의적인 반응이 나타난다던가 하는 것들이요.

이런 색다른 기획 하나만 덧입혀도 평범한 책 리뷰보다 깊은 끌림을 만들어낼 수 있습니다. 왜 그럴까요? 핵심이

'나'라는 사람이 아니라 '관점'이기 때문입니다. 유명하지도 대단하지도 않은 내가 이 책에 대해 이렇다 저렇다 평가를 내려봤자 사람들은 별다른 관심을 주지 않습니다. 하지만 예시의 관점들은 그 자체로 가치가 있지요. 나라는 사람의 존재를 모르는 이도 호기심을 느끼게 됩니다. 넓디넓은 분야에 방향성을 살짝 입히는 이유입니다.

좀 더 부연하자면 'ㅇㅇㅇ 책 리뷰'라는 글은 별다른 감흥을 일으킬 수 없습니다. 이런 리뷰는 세상에 많으니까요. 지금이 아니더라도 검색창에 책 제목을 입력하면 언제든 읽을 수 있지요. 반면 앞서 말한 관점이 있는 글들은 '포스팅을 본 순간, 지금이 아니면 다시 만나지 못할 수도 있겠다'는 생각으로 이어집니다. 그래서 공유, 구독, 좋아요, 댓글 등의 흔적을 남기는 것이지요. 반응도가 달라집니다. 높은 반응도의 게시물은 플랫폼의 사랑을 받는데요. 네이버, 인스타그램, 페이스북, 유튜브, 구글 모두 반응도가 높은 콘텐츠를 밀어주는 경향이 있습니다.

2. 특정 장소/이벤트를 체험하고 기록하는 사람

어딘가를 방문한 후에 기록을 남기는 사람도 제품 리뷰어만큼이나 많지요. 사실 훨씬 많을 겁니다. 이 경우 한 가지 콘셉트로만 장소나 이벤트를 평가해보세요. 예를 들어 호텔이라면 호텔을 평가하는 많은 요소 중 '조식'만 리뷰하는 것입니다. 니치한 요소에 집중할 때 사람들은 전문성을 느낍니다. 이를 무기 삼아 팬층을 늘려나가고 그런 다음 조금씩 범위를 넓히는 전략을 사용하세요.

"나는 조금 특이한데 조식에 가장 큰 중요도를 부여한다. 뷰, 위생, 로비 인테리어, 직원의 친절도…. 여러 요소 중 조식이 제일 중요하다. 이번에 방문했던 A호텔은 그런 의미에서 상당히 만족스러웠다."

이런 스토리텔링이 되겠네요. '아니 그럼 호텔에 대한 전반적인 리뷰를 원하는 이들은 읽다가 나가버리잖아요'라는 생각이 들지도 모르겠습니다. 하지만 초반에는 이렇게 접근해야 합니다. 가장 좁게 특색 있게 시작하세요. 넓은 주제를 전반적으로 다루는 순간 내가 지닌 전문성은 사라지고 흔하디흔한 리뷰어 중 하나가 됩니다.

좁은 범위를 다루는 콘텐츠는 소유욕을 불러일으킵니다. 지금 당장 읽지는 않을지라도 일단 저장 및 공유를 먼저 해둘 확률이 높습니다. 평범하지 않기에 그렇습니다. 즉 내 콘텐츠를 만난 이들이 다음과 같은 생각을 해야 합니다.

' 지금 아니면 다시는 만나지 못할 수도 있겠는걸'

'당장 이 콘텐츠를 정독할 시간은 없지만, 일단 어딘가에 저장을 해 두면 좋겠다'

유튜브, 블로그 등 어떤 플랫폼에 콘텐츠를 올려도 당신의 콘텐츠는 점수를 부여받게 됩니다. 알고리즘의 평가를 받는 것입니다. 갑자기 빠른 속도로 인기를 얻는 계정들은 대부분 이렇게 초반에 틈새 분야에서 팬을 모으고, 팬층이 모인 계정을 플랫폼이 밀어주면서 성장한 결과입니다.

좀 더 구체적인 리뷰형 콘텐츠의 방향성

앞서 언급한 예시처럼, 약간의 기획이 더해질 때 끌림이 만들어집니다. 만약 앞의 설명을 읽어보아도 어떻게 브랜딩해야 할지 떠올리기 쉽지 않다면 다음의 두 가지 중 하나를 선택해보세요. 가볍게 시작해볼 수 있는 방법을 정리해보았습니다.

1. 일반적이지 않은 기준으로 범위를 좁히기

호텔의 예시처럼 모든 요소를 분석하는 것이 아니라 한두 가지에 집중하는 것입니다. 그리고 그 기준이 뻔하지 않아야 합니다. 집중하는 요소를 중시하는 사람들이 어느 정도는 있어야겠지요. 예를 들어 호텔 리뷰를 하면서 객실 내 티슈의 브랜드를 다룬다면 가치를 느끼지 못할 수도 있습니다. 티슈 브랜드를 중시하는 이들은 거의 없으니까요. 음식점에 관한 리뷰를 쓴다고 했을 때, 초반에 팬층이 모이기 적합한 아이디어로는 시간, 지역 등이 있습니다. 예를 들어 '평일 오전 11시까지만 시간이 되는 이들을 위한 식당', '오징어가 유명한 지역에서 제일 맛있는 중국집'처럼요. 상상력을 발휘해서 범위를 좁혀 카테고리의 여러 측면에서 확장해보세요.

2. 일상에서의 교집합 찾기

책과 장소의 교집합으로 'A 도서를 좋아한다면 ○○○ 장소를 추천한다'라는 리뷰를 작성해볼 수도 있습니다. 장소뿐 아니라 음식, 음악, 모임 모두 가능합니다. 한 가지 분야에만 갇혀있을 필요는 없습니다. 이미 존재하는 모임이나 단체 내에서 소분류를 하는 방식으로 시작해보세요. 내가 주로 활동하는 웹 커뮤니티가 A라는 주제를 주로 다룬다면, A를 좋아하는 이들 중 B라는 주제에도 관심 있는 이들을 대상으로 콘텐츠를 기획해보는 것이지요. 내가 잘 알고 있는 대상이기에 기획이 용이해질 가능성이 높습니다.

리뷰형 콘텐츠의 방향은 '내 생각을 기록하는 사람'에서 부터 시작하여 '타인의 문제를 해결해주는 사람'에 도달하는 것을 목표로 하는 것이 좋습니다. 어느 정도의 경력이나 실력이 있다면 후자로 시작해도 무방합니다. 주의해야 할 점은 전자인데 후자인 척하지 않아야 한다는 것입니다.

내 생각을 기록하는 것과 타인의 문제를 해결해주는 것 중 어떠한 방식을 고르든 '깊이'에 대한 고민은 필수입니다. 이는 퍼스널 브랜딩의 핵심 포인트입니다.

퍼스널 브랜딩에 대한 막연한 두려움과 걱정은 잠시 내려두고 일단 시도해보세요. 방향 설정에 있어 중요한 것은 일단 무엇이라도 해보는 겁니다. 어떤 선택을 내려야 할지 고민하는 시간이 길어질수록 오히려 결정을 내릴 수 없게 됩니다. 애초에 정답이 있는지 모르겠지만 정답을 고르고 싶다고 고를 수 있는 것이 아닙니다. 주식 투자는 '투자하지 않는다'라는 선택지가 있지요. 때로는 그 선택지가 정답이기도 합니다. 하지만 경험에 있어서는 '아무것도 하지 않는다'라는 선택지가 정답인 경우는 없습니다. 이거 해봤자 반응 없으면 내 시간과 노력이 물거품이 된다고 생각하지만 그게 아니지요. 경험이 남잖아요.

사실 제가 그랬습니다. 최적의 선택을 하겠다는 핑계로 매번 선택을 미루었는데 나중에 뒤돌아보니 일단 도전해보는 이보다 많이 뒤처져 있더라고요. 당시에는 제가 제일 똑똑한 줄 알았는데 말입니다.

퍼스널 브랜딩의
방향성 :   글의 느낌

지금까지는 퍼스널 브랜딩에 관한 큰 방향성을 제시했습니다. 한 문장으로 요약하면 '나만의 시각으로 평범한 경험을 재해석하라' 정도가 되겠네요. 여기서 이런 질문이 나올 수 있습니다.

"저는 경험을 재해석할 만한 실력이 안 돼요. 어떻게 하죠?"

왜 이런 질문이 나왔을까요? 혹시 재해석의 결과물이 그럴듯 해야 하고 어려운 용어나 개념으로 멋들어지게 설명하는 글을 써야 한다고 여기는 건 아닌가요? '재해석'을 거창하게 생각하지 마세요. 내가 세상을 바라보는 관점을 있는 그대로 적는 것이 재해석입니다.

잘 이해가 되지 않는다면 일러스트레이터 B의 예시(63쪽 참고)를 다시 한번 읽어보세요. 누구나 할 수 있는 수준입니다. 이제 막 프리랜서가 된 디자이너도 할 수 있습니다. 당연히 1년 차와 20년 차의 수준 차이는 나겠지만요. 만약 당신의 목표가 '나는 1년 차지만 20년 차처럼 보이는 것'이라면 생각을 바꿔야 합니다.

끌림을 더하는 재해석

퍼스널 브랜딩의 목표는 '지금의 나에게 끌림을 더하는 과정'입니다. '지금의 내 수준보다 훨씬 더 나은 것처럼 보이는 것'이 아닙니다. 지금의 내가 세상을 바라보는 시각을 담담하게 적어 내려가세요. 재해석이 어렵다면, 다음 하나만 기억하세요.

해석의 방향을 바꾸기

단순한 예로, 식당에 다녀와서 이를 소개한다면 대개는 음식 소개, 만족도 등으로 써 내려가지요. 여기에 일러스트레이터 B처럼 '일반적이지 않은' 시각으로 경험을 해석해보는 겁

니다. 해석의 방향이 바뀌면 글에 끌림 포인트가 더해지니까
요. 해석의 방향을 바꾸는 것이 목표이며 그 방향은 브랜딩하
고자 하는 내 포지션과 맞닿아 있어야 합니다.

메시지와 표현 방법의 거리 줄이기

다시 질문으로 돌아가 볼게요.

"저는 경험을 재해석할 만한 실력이 안 돼요. 어떻게 하죠?"

먼저 글의 느낌에 대한 중요한 포인트를 짚어야겠네요. 우
리의 목적은 '끌림 있는 글'을 작성하는 것입니다. 그런데 대
부분은 끌림이 '대단함'으로부터 나온다고 믿습니다. 그래서
힘이 들어가기 시작합니다. 이 책 초반에 언급한 글의 제목
들을 떠올려보세요.

'당신의 인생이 망가지는 이유'
'석 달 만에 순수익 3천만 원을 만드는 비밀'
'이것 하나로 인생을 재출발하다'

분야는 달라도 저런 어조로 글을 쓰는 것이 맞다고 여기는 이들이 많습니다. 자신에 찬 대단한 사람처럼 보여야 끌림이 일어날 것으로 생각하기에 그렇습니다. 문제는 본인만 그렇게 생각한다는 것입니다. 본인을 제외한 다른 사람들은 '유난이네'라는 생각이 들 수 있습니다. 글에 대한 거부감은 메시지와 표현 방식의 거리감이 결정합니다. 거리가 멀다고 느낄수록 거부감이 커집니다. 제가 이번 꼭지에서 말하고자 하는 핵심입니다.

글의 느낌은 표현 방식과 메시지의 거리가 결정합니다. 위의 예시 제목을 클릭했는데 내용은 특별한 것이 없다면 어떨까요. 별것도 아닌 내용을 힘주어서 말한 것이라면요? 그래야만 주목을 받을 것이라고 생각했기 때문이겠지만 이때 사람들은 거부감을 느낍니다. 마치 집 앞 편의점에 정장을 빼입고 가는 것처럼 어딘가 부자연스러운 것이지요.

정리하자면, 글 내용과 표현 방식의 거리감이 일치해야만 끌림이 일어납니다. 별것 아닌 내용이면 그냥 담담하게 쓰세요. 멋진 모습을 보여주어야 할 것 같다는 생각에 글에 힘이 들어가면 아무도 다가오지 않습니다.

근본적인 문제로 되돌아가 봅시다. 앞서 몇 번이나 반복해서 말했지만 퍼스널 브랜딩에 관심을 둔다는 것 자체가 이미 전문성이 부족하다는 뜻입니다. 퍼스널 브랜딩이라는 단어를 알지 못해도 상위 0.1%의 성적, 외모, 재력 등으로 브랜딩이 된(유명한) 사람들이 있습니다. 하지만 대다수는 그러지 못하지요. 그런 성취를 만들어내는 것 또한 쉽지 않습니다. 그러니 소소하게 이야기를 풀어나가는 것부터 시작해보자는 것입니다.

이럴 때 전문성이 없는 이도 괜히 허세를 부리지 않고 어떠한 시각으로 세상을 바라보는지 자연스럽게 풀어나간다면 충분히 끌림 포인트를 만들어낼 수 있습니다. 이는 매 글마다 본인의 약력을 도배하는 글과는 차원이 다른 끌림입니다.

명심하세요. 대단한 무언가를 해내는 사람으로 보이고 싶다는 욕망을 붙잡을수록 사람들이 떠나기 시작합니다. 표현 방식과 메시지의 거리감이 다르기에 거부감을 느끼는 것입니다. 힘을 빼세요. 그러면 글쓰기 난이도가 상당히 낮아집니다.

교묘함 없이 솔직하게

더 나아가 글에는 교묘함이 없어야 합니다. 이 말인즉 욕망을 아닌 척 숨기지 말라는 뜻입니다. 과장을 조금 보태면 '심리학자들이 이 글을 읽는다'고 생각하고 글을 쓰세요. 예를 들면 PDF 전자책이나 온라인 강의를 판매하면서 "조만간 판매를 중단할 예정입니다. 많이 팔려서 알려져봐야 저도 좋을 것이 없거든요."라는 문구를 사용하는 경우가 많은데요. 정말 그런 사람도 있겠지만 대부분은 단순한 행동유도 장치(CTA)에 불과합니다. 알려지는 것을 원치 않는데 정성껏 전자책을 만들고 강의를 촬영하다니요. 교묘하게 작성하지 말고 솔직하게 글을 쓰는 연습을 하세요. 우리는 솔직함에 끌립니다.

왜 솔직함에 끌리는 것일까요? 약점을 드러냈기에 그러합니다. 우리는 잘난 모습만 편집해서 보여주는 사람보다 약점을 공개하는 이들이 더 강하다는 사실을 무의식적으로 알고 있습니다. 욕망이 있다면 이를 솔직하게 표현하는 연습을 해보세요. 예를 들면 다음과 같습니다.

"별다른 욕심은 없는데, 주변에서 하도 퍼스널 브랜딩 이야기가 많이 들려서 나도 강의를 신청했다."

사실일 수도 있지만, 만약 욕망을 숨긴 것이라면 있는 그대로 적어보는 것입니다.

"솔직히 아닌 척했지만 욕심이 있다. 유명해지고 돈을 벌고 싶다. 책도 내고 싶고. 내 이름으로 사업도 하고 싶다. 이를 위해서는 퍼스널 브랜딩이 필요하단다. 그래서 수강 신청을 했다. 필요하다면 해야지 뭐."

노골적으로 욕망이 드러나 있지요? 이를 부끄러워하지 마세요. 오히려 이런 글에 끌리는 사람들이 많습니다.

나를 드러내는 것이 어렵다면, 새 계정으로 시작해보는 것도 방법입니다. 만약 지인들이 가끔 들어오는 계정이라면 속이야기를 꺼내기가 쉽지 않을 수 있지요. 새로운 계정을 만든다면 이 부분에서의 고민은 해결될 것입니다. 혹은 다른 플랫폼에 새로운 계정을 만들어도 되고요. 네이버 블로그를 주로 했다면 인스타그램을 시작해본다거나 하는 식으로요. 외국어로 콘텐츠 만드는 일이 어렵지 않다면 해외 계정을 만드는 것도 방법입니다. 굳이 드러내고 싶지 않은 이야기를 해야 할 때라면 이런 방법들을 추천합니다.

☐ 비밀 댓글

꾸준하게 제 분야의 글을 포스팅하는 중입니다. 어느 날은 좋아요와 댓글이 많아 기분이 좋고 어떤 날에는 반응이 없어서 계속 써야 하나 고민하다가 한동안 글을 쓰지 않고 게으름을 피우기도 했습니다. 그럴 때는 어떻게 마음을 추스리나요? 또 가끔은 무얼 써야 할지 난감할 때도 있습니다. 그래서 책을 보기도 하고 관련 분야 채널에 가서 살펴보기도 하는데요. 글감을 얻는 방법이 있을까요?

ㄴ '일희일비하지 말아야 한다', '꾸준히 묵묵하게 해낼 수 있어야 한다' 솔직히 재미없지요. 좋아요와 댓글, 팔로우 수 등 실시간 자극이 주어져야 흥분의 강도가 높아집니다. 그런데 시간이 갈수록 뇌는 그만큼 자극에 취약해지고 이런 생활이 오래되면 집중력 또한 떨어집니다. 감정적으로 롤러코스터를 타게 되지요. 걱정거리가 있다거나 불확실성이 염려된다거나 노력이 물거품이 될 가능성이 있다거나… 이유야 뭐, 만들면 그만이지요. 그냥 집중할 수 없는 뇌가 됩니다. 그래서 하던 것만 하게 되고 기회가 찾아와도 도전하지 못합니다. 이런 상황이 편안하다면야 괜찮지만 변화하기를, 발전하기를 원한다면 괴로울 수밖에 없

습니다.

도전하는 뇌를 유지하고자 한다면 희소한 일상을 만들어야 합니다. 예를 들어 망상과 현실 도피로 가득 찬 하루를 보냈다면 이를 글로 옮겨보는 것은 어떨까요? 본인의 경험을 글로 남긴다는 것은 쉬운 일이 아니거든요. 다시 말해 희소한 행동이 되는 거지요.

압니다. 누구나 알지만 대개는 해내지 못합니다. 그렇다고 그 차이를 단순히 '의지 부족'이나 '게으름'으로 여기고 자책하지 마세요. 게을러서가 아니라 뇌가 너무 지쳐버린 것일지도 몰라요. 나를 탓하기보단 일희일비하는 습관을 버려야 묵묵하게 해낼 수 있는 상태가 만들어집니다.

글감을 꾸준하게 얻는 방법으로 분야와 관련된 글들을 찾아 읽어본다거나 하는 등의 일반적인 방법과 조금 다른 '나를 강제하는' 방법이 있습니다. 질문을 받는 것입니다. 특정 분야에서 나를 브랜딩하는 가장 쉬운 방법이기도 합니다.

방문자에게 겪고 있는 문제점이나 궁금한 것 등을 질문으로 받아봅니다. 그리고 이를 글감 삼아 적어보는 것입니다.

이 방식은 글감을 얻을 수 있을뿐더러 질문에 제대로 된 답을 찾아야 하기에 강제 공부가 됩니다. 쓱쓱 읽어 내려갈 때는 기억에 남지 않지만 이해해서 나만의 언어로 설명해야 한다면 이 과정에서 지식의 내재화가 일어나기도 합니다.

또 반복하다 보면 생각보다 질문이 비슷비슷하다는 것을 알게 됩니다. 100명의 사람이 제각기 다른 100가지 질문을 하지는 않습니다. 사람들이 궁금해하는 내용은 크게 다르지 않거든요. 답을 찾아 알려주다 보면 조금씩 전문가의 반열에 오르게 됩니다. 에이, 설마 그것 가지고 되겠냐고요? 특정 분야의 초심자들이 가질 만한 궁금증을 제대로 파악하고 있다면 당신은 이미 전문성으로 무장하고 있다고 말해도 과언이 아닙니다.

☐ 비밀 댓글

저는 평범한 콘텐츠 말고 보자마자 '와 이거다' 하는 콘텐츠를 만들어보고 싶어요. 매번 아이디어를 생각해보지만 자신이 없어요. 콘텐츠 기획에 관한 팁이 있을까요?

┗, 사실 대다수의 킬러 콘텐츠는 의도하지 않은 경우에 만들어집니다. 별생각 없이 던진 아이디어가 호응을 얻는 것이지요. 그렇기에 지속적인 시도가 중요합니다. 하지만 이런 답을 기대한 건 아니겠지요? 그래서 조금 더 구체적인 이야기를 해볼까 합니다.

아이디어가 기획된 이후에 겪는 가장 큰 문제는 이 아이디어가 사람들에게 통할지에 대한 검증이 제대로 이루어질 수 없다는 것입니다. 당신이 30대 회사원인데 60대 남성을 타깃으로 하는 무언가를 기획했다면 이 아이디어가 시장에 먹힐지 먹히지 않을지에 대한 확신이 설 수 없지요. 그렇기에 저는 타깃을 나 자신으로 두는 연습을 자주 합니다. '나라면 어떠한 것에 끌릴까?'라는 질문을 던져보는 것입니다. 여기서 주의해야 할 점은 제약을 두지 않는 것입니다. 제약을 둔다면 다음과 같은 프로세스로 이어집니다.

— "나는, 오전 5시에 일어나서 자기 계발을 하는 라이프
스타일을 꿈꾸고 있어. 이런 콘텐츠가 있다면 좋을 것
같아. 그런데 나는 이렇게 살아본 적이 없잖아? 나는
이 기획을 해낼 수 없겠네. 그럼 다른 아이디어는 뭐
가 좋을까. 흠. 나는 공부하는 것을 좋아하니까 공부법
을 주제로 이야기를 해나가야지. 그런데 나보다 공부
를 잘하는 사람이 많잖아? 그럼 이 아이디어도 보류."

이런 식으로 생각하는 나와 반박하는 나가 분리됩니다. 결
국 아무 결과물도 얻지 못합니다. 그러지 말고 제약이 없다
는 가정하에 기획을 시작해보는 것입니다. 아무런 제약이
없다면 어떻게 달라질까요? 여기서 말한 '제약이 없다'는
것은 현실적인 조건을 신경 쓰지 않고 나 자신을 설득해내
는 프로세스라고 이해하면 됩니다. 제약을 상기하는 순간,
현실이라는 벽에 가로막혀 생각은 그대로 멈춰버립니다.
그러니 현실은 잠시 내려두고 나를 설득하는 것에 집중해
보세요. 생각이 뚝 끊기지 않고 흘러갈 것입니다.

— 나는 오전 5시에 일어나서 운동을 하고 싶어 하지. 그
렇다면 내가 좋아할 아이디어는 무엇일까? 강제 기상
모임? 비슷한 것 하나 했었는데 그냥 거짓말로 핑계

대고 안 하게 되던데. 친한 사람들도 아니니까 그냥 쉽게 생각하는 것 같기도 하고. 그러면 어떤 의미를 부여해볼까? 오전에 일어나서 새벽 봉사하러 가는 모임이면 조금 더 강제성도 부여되고, 나를 기다리는 사람도 있을 것 같고.

'어, 이거다' 싶은 순간이 찾아옵니다. 이제 이런 걱정이 생길 겁니다. '나는 저렇게 신박한 아이디어, 마음에 꼭 드는 아이디어를 떠올릴 자신이 없어'라고요.
이런 걱정은 새로운 아이디어를 떠올리는 방식에 관해 이야기하자는 것이 아니라 아이디어에 대한 검증이 필요하다는 이야기로 들립니다. 아이디어를 얻으려면 브레인스토밍하듯 쭉 적어보고 그다음에 해당 아이디어들이 나에게 어떠한 느낌을 주는지를 체크하는 것이 순서입니다.

결국 내가 끌렸다면 나와 비슷한 시각을 가진 이들도 끌릴 것이라는 전제하에 기획해보는 것이죠. 나를 가장 잘 아는 것은 나니까요. 킬러 콘텐츠를 기획한다면 타깃을 나 자신으로 잡아보는 것도 하나의 방법입니다.

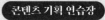

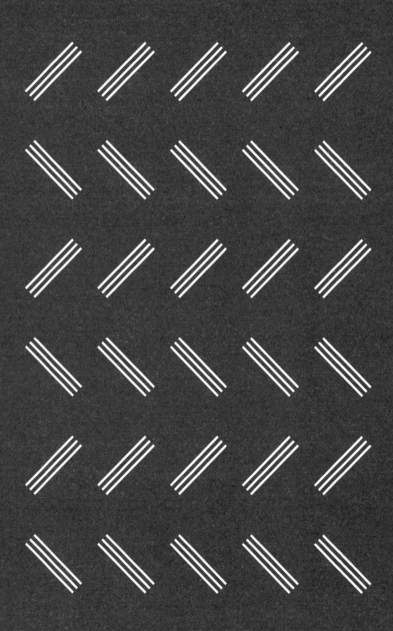

Chapter 3.

의도와는 다르게, 반감을 일으키는 글

"맞아…, 맞는 말인데… 흠…"

메시지는 틀리지 않는데 더 이상 대화를 나누기 싫은 사람이 있습니다. 상대는 '사실을 말했을 뿐인데 왜?' '내 맘대로 말도 못 하나?'라고 반응할 수도 있습니다. 맞는 말입니다. 하지만 대화를 더 나누지 않는 것도 내 맘입니다. 아무리 옳은 말을 했다고 해도요.

글에서 풍기는 분위기란 옳고 그름에서부터 나오는 것이 아닙니다. 일상적이거나 모두가 알고 있는 상식적인 이야기를 해도 거부감이 생기는 글이 있습니다. 반대로 일반적이지 않은 주장인데도 거부감이 없는 글이 있습니다.

이번 챕터는 글쓴이의 의도가 어떠하든 반감이 일어나는 글의 특징을 다룹니다. 여기서 다루는 요소만 고려해도 글 분위기가 달라지는 것을 체감할 수 있습니다.

How-to가 아니라
나무라는 글

　강한 어조로 내 생각을 주장해야 할 때가 있습니다. 특히 퍼스널 브랜딩에서는 도드라지는 특성이지요. 퍼스널 브랜딩 자체가 나의 가치관을 실체화하는 과정이기에 피할 수 없는 부분이기도 합니다. 이를 '가치관의 실체화'라고 하는데, 이 표현이 어렵다면 '내 생각의 상품화'라고 이해해도 좋습니다. 하지만 '내 생각의 상품화' 과정에서 내가 주장하는 것이 명확한 하우투가 아니라 애매모호한 가치라면 급격하게 신뢰를 잃게 됩니다. 신뢰를 잃는 것뿐 아니라 반감이 생기기도 합니다.

　대부분의 사람은 현재의 문제를 인지하고 더 나아가 문제를 해결할 수 있는 방향성은 이해하고 있습니다. 몰라서 안 하는 것이 아니지요. 이런 상황에 부닥친 사람들에게 나무라는 글을 전해봤자 좋은 반응이 나올 리 없습니다. 메시지가 틀렸다는 것이 아니라 전달 방법이 잘못되었다는 것입니다.

수험생을 예로 들어볼까요. 시험 날짜가 다가옵니다. 지금 무엇을 해야 할지 너무나 잘 알고 있습니다. 정신 차리고 공부해야 하지요. 그런데 불안하고 걱정도 되고 여러 잡생각에 도무지 집중되지 않아 초조합니다. 이런 수험생에게 '정신 차리고 집중해라'라는 말은 안 하느니만 못한 말입니다.

이 상황에서 적합한 메시지는 구체적인 요령을 전달하는 것입니다. 의지박약이라며 나무라거나 본인의 경험담을 흘리며 은근슬쩍 자랑하는 것이 아닌, 문제 상황에서 벗어날 수 있는 실천적인 방법이 있어야 합니다. 그런 글에 우리는 끌립니다.

우리는 구체적인 요령을 전달할 수 있습니다. 이와 관련해서 주의할 점은 뻔한 내용이거나 적합한 아이디어가 없다면 억지로 글을 쓰면 안 된다는 것입니다. 쓸 내용이 없다면 차라리 포스팅하지 않는 것이 낫습니다.

정보를 수집해야 하는 상황이라면

　　포스팅을 위해 정보를 수집해야 한다면 분야를 막론하고 영어 검색을 추천합니다. 그런데 영어 자료를 찾는 것에 부담을 갖는 사람이 의외로 많습니다. 머리로는 알지요. 누가 옆에서 영어 실력을 테스트하는 것도 아니고 구글 번역 기능으로 페이지 전체를 실시간 번역하며 검색할 수 있는 시대라는 것을요. 그런데도 행동으로 옮기기가 쉽지 않습니다. 다들 그래요. 그래서 가치가 있습니다.

　처음부터 대단한 것을 찾으려고 하지 마세요. 좋아하는 분야로 가볍게 시작하세요. 저는 이 연습을 통해 영어 검색에 대한 부담을 많이 내려놓을 수 있었습니다.

　해외 자료에 대한 거부감이 낮을수록 풍부한 글이 나옵니다. 예를 들어 파파고나 구글 번역기를 통해 '불안함을 다스리는 방법'이라는 키워드를 영어로 번역하고 번역된 표현을 구글이나 유튜브에서 검색합니다. 수많은 자료가 쏟아지지요. 그중 한두 개를 클릭해 들어가 화면에 나온 모든 텍스트를 복사하고 다시 파파고를 이용해 한국어로 번역합니다. 무슨 말인지 어느 정도는 알 수 있는 번역 글이 나오지요.

　저는 이 습관이 자리잡으면서 광범위한 정보를 빠르게 습득할 수 있었습니다. 그동안은 한국어로 검색을 한 후 원하는 검색 결과가 나오지 않으면 키워드를 바꾸어 검색해보거나 그래도 나오지 않으면 포기해버렸지만 이제 선택지가 하나 더 늘어났습니다. 영어로 검색해보기.

글로벌 검색의 장점은 '멈칫'을 만들어낼 수 있다는 것입니다. 여기서 말한 멈칫은 내가 아니라 내 글을 읽는 방문자들이 잠시 멈춘다는 의미입니다. 해외 포럼 검색을 통해 한국에서 알려지지 않은 A방식을 알게 되었다고 가정해봅시다. 누군가는 알고 있었겠지만, 일반적인 것은 아니기 때문에 이를 언급한다면 반응이 나올 수 있습니다.

"해외 포럼을 탐색하던 중 A라는 방식을 알게 되었다. 한국에서는 들어본 적 없던 내용이라 관심이 생겨 스크롤을 멈추고 읽어 내려가기 시작했다."

읽는 이도 멈칫하게 될 겁니다. 일반적인 이야기가 아니라 몰랐던 이야기, 처음 접하는 내용이기에 인상을 남기기가 용이한 것이지요. 실제 A방식이 더 좋은 건지 어떤지는 모르지만 내가 몰랐던 정보라는 점에서 가치를 느끼게 할 수는 있습니다.

📁 영어로 검색하는 방법

1. 좋아하는 영화나 책에 대한 리뷰를 찾아보기

영화 제목이나 책 제목 마지막에 "review" 등과 같은 단어를 넣어 검색해봅니다. 저는 아마존을 애용하는 편인데요, 아마존에 들어가 재미있게 읽었던 책의 영어 제목을 입력합니다. 그러고 나서 review 탭을 즐겨 봅니다. 글로벌 독자에게는 어떤 평을 받고 있는지 찾아보는 것이지요. 관심 있는 분야이다 보니 그들의 반응이 궁금합니다. 영어 공부를 위해 번역기는 마지막에 돌려보는 편이지만 자료 탐색이 목적이라면 처음부터 번역기를 사용해도 상관없습니다. 몰랐던 정보를 탐색하는 능력을 기르기 위한 연습이니까요.

2. 유튜브에서 정보성 키워드를 영어로 바꾸어 검색해보기

유튜브에 '글을 잘 쓰는 법'을 영어로 검색해보는 것입니다. 결과물 영상을 살펴봅니다. CC를 눌러 자막 기능을 이용하는 것도 방법입니다. 영상 속 메시지를 전혀 이해할 수가 없다고 해도 걱정하지 마세요. 대부분의 영상은 댓글만 봐도 어느 정도 이해할 수 있습니다. 영상의 내용을 댓글로 요약해둔 경우도 많지요. 그런 댓글을 찾아서 복사하고 번역기에 붙여넣기를 하면 됩니다. 토익이 아니잖아요. 그냥 단편적인 지식 한두 개만 얻어도 좋으니 가벼운 마음으로 시작해봅시다.

이슈와 갈등에만
기대는 글

이슈와 갈등에 기대는 글은 글을 잘 쓴다는 착각을 하게 만듭니다. 단체 간의 갈등, 사회적인 이슈, 자극적인 사건으로만 글을 쓰는 것을 '이슈성 키워드 글쓰기'라고 부르는데요. 네이버에서 실검(실시간 검색 순위)이 제공되던 시기에는 정말 많이 사용되던 방법입니다. 지금도 크게 다르지 않지만요.

이런 글을 쓰는 당사자는 왜 본인이 글을 잘 쓴다고 생각할까요? 바로 조회 수가 잘 나오기 때문입니다. 예를 들어 연쇄살인범이 드디어 체포되었다는 글을 작성합니다. 당연히 분노로 가득 찬 이들이 댓글을 남길 겁니다. 해당 키워드가 굉장한 화젯거리가 되어 검색량 또한 어마어마해지겠지요. 유입과 반응 모두 평균 수치를 가뿐하게 넘어서겠네요. 그래서 이슈성 키워드로 글을 쓰다 보면 점차 자신의 글이 좋아서 반응이 나온다고 생각하게 됩니다. 글이 아니라 소재가 화제일 뿐인데도요. 화제성 키워드만 골라서 글을 쓰면 소위 '저품질'을 당하게 됩니다. (공식적으로 인정하지는 않았지만) 네이버나 다음 등의 포털에서 제재를 한다지요.

갈등 이슈를 예로 들어볼게요. 특정 집단 간의 갈등을 소재로 삼아 글을 올렸습니다. 많은 사람이 댓글에서 싸움을 벌입니다. 이런 방법은 빠르게 블로그나 카페를 키우려고 공략하는 경우가 많습니다. 플랫폼에서는 긍정적인 반응인지 부정적인 반응인지 잡아낼 수가 없으니까요. 욕설이나 비속어가 많이 사용되어도 그저 '많은 사람이 오랜 시간 동안 체류하며 댓글을 달고 있구나' 정도로 이해합니다. 즉 플랫폼에서는 이 포스팅을 가치 있다고 평가합니다. 이를 노리고 일부러 싸움을 붙이는 사람들이 생겨나는 것입니다.

하지만 시간이 지나면 이러한 요소들은 당연히 걸러집니다. 플랫폼 기획자가 모를 리 없거든요. '시스템의 허점을 노린다'는 접근은 사람을 혹하게 만드는데요. 다들 1의 노력으로 1을 받는데, 나는 1의 노력으로 10, 100 혹은 그 이상을 가져가는 것처럼 보이기에 그렇습니다. 그러나 시야를 보다 넓게 가져야 합니다.

이슈와 갈등을 다루지 말라는 이야기가 아닙니다. 특정 주제에 대한 내 의견을 피력하는 것은 잘못된 행동이 아니지요. 하지만 이러한 경우에도 갈등을 유발하려 하거나 어그로를 끄는 일은 피해야 합니다.

눈앞의 숫자에 나의 가치를 팔지 마세요. 물론 손쉽게 사람을 모을 수 있는 주제를 두고 이에 기대지 않는다는 것은 어려운 일이기도 합니다. 다들 쉬운 길을 가는데, 나만 어려운 길을 걷는 것처럼 느껴지기도 하니까요.

일화 하나 : 세상이 나를 반기는 듯한 경험

논리적이라고 할 순 없지만 기억에 남은 자기 계발 이야기를 해드릴게요. 7년 전, 작가 겸 강사 한 분이 '주변에 따로 말을 하지 않아도 성장과 동시에 나에 대한 수요가 생긴다'라는 말을 자주 해주었습니다.

그때는 무슨 말인지 이해하지 못했지만 지금에 와서 생각해보니 이런 내용이더라고요. 매일 글을 쓰다가 어느 순간 새로운 인사이트를 얻게 되고, 이를 다른 이들에게 명확하게 풀어낼 수 있는 단계는 아니라서 이를 체계화하다 보면, 참 신기하게도 그 인사이트를 풀어낼 만한 기회가 찾아온다는 것입니다. 새로운 인사이트와 유관한 강의 문의가 온다거나 체계화하고 있는 내용과 비슷한 원고 의뢰가 들어온다거나 하는 식으로요. 혹은 우연히 연락이 닿은 지인과 이야기를 나누면서 인사이트를 활용할 만한 아이디어로 대화가 흘러가기도 하고요.

다시 말해 나만의 노하우나 깨달음을 얻게 되면 이를 공유할 만한 자리가 마련된다는 의미입니다. 일부러 화제가 되는 논쟁거리를 불러오지 않더라도요. 색다른 구도의 사진 촬영 기술을 익힌 어떤 사진작가가 갑자기 이 기술에 대해 이야기할 수 있는 강의가 만들어진다거나, 아이를 가르치는 분이 가치관이 확 달라지는 사건을 겪었는데 이 일화를 공유할 만한 출판 의뢰가 들어온다거나 하는 거죠.

우연을 가장한 운명론을 말하는 것이 아닙니다. 아마 '기존에는 그냥 지나가던' 가능성이 눈에 들어온 것이 아닐까 싶습니다. 그냥 별생각 없이 다닐 때는 눈에 보이지 않다가 명품에 관심을 두기 시작하자 길거리에 온통 명품 가방만 보이는 경우처럼요. 명품 가방은 길거리에 항상 존재했잖아요. 인지를 하지 못했을 뿐이죠.

새로운 인사이트를 발견하면 기회가 찾아오는 것인지, 시야가 트여야 이미 존재했던 주변의 가능성이 새롭게 보이는 것인지 잘 모르겠습니다. 저는 후자가 맞지 않을까 생각합니다만 전자든 후자든 상관없습니다. 몰입할 수 있는 환경이 마련되면 내 몰입의 결과물, 다시 말해 나라는 브랜드를 찾는 이들이 눈앞에 나타날 테니까요.

일반적인 일 처리 능력은 인사이트의 개념이 아닙니다. 단순 암기, 숙달의 영역이지요. 그렇기에 실력은 사람을 유혹하는 데 한계가 있습니다. 하지만 기획의 결과물로서의 인사이트는 그 자체로 사람들을 유혹할 수 있습니다.

그러니 화제가 되는 키워드의 글로 사람들을 불러 모으기보다 내 이야기에 집중해야 합니다. 내 인사이트가 인지되는 세상을 경험하게 되면 몰입할 힘이 더욱 강해집니다. '아무도 내 이야기를 듣지 않으면 어떻게 하지. 내 시간과 노력이 의미 없어진다면…?' 이런 걱정이 줄어들어야 단기적인 지표에 더 이상 민감하게 반응하지 않을 수 있습니다.

타인의 선의만을
기대하는 글

평범한 질문 하나로 시작하겠습니다.

"글을 몇 개 써 보았는데, 아무도 찾지 않아서 막막합니다.
포기하고 싶어요. 그만두는 것이 나을까요?"

한번 생각해볼까요. 오늘만 해도 서점에 수없이 많은 책이
새로 나왔을 겁니다. 그중 단 한 권이라도 제목을 아는 책이
있나요? 아마 없을 겁니다. 오늘이 아니라 어제로 시점을 바
꾸어봐도 그대로일 거고요.

나조차도 타인에게 관심이 없는데 타인이 내게 관심이 있
어야 한다고 생각한다면, 결코 이 고민에서 벗어날 수 없습
니다. 나에 대한 타인의 무관심. 이를 당연하다고 생각해야

합니다. 그래야만 상처받지 않고 꾸준히 해나갈 수 있어요.

'나에 대한 타인의 무관심은 당연하다'라는 것을 받아들이고 난 뒤에는 그 이유를 차분하게 분석해보아야 합니다. 크게 두 가지 측면으로 나누어볼 수 있는데요. '내' 존재를 모르거나 또는 '내 글'에 끌림이 없기 때문입니다.

나의 존재를 모른다면 '용기를 내어 말 걸기'

우선 타인이 나에 대한 무관심한 이유가 내 존재를 모르기 때문일 경우를 살펴봅시다. 나라는 사람의 존재를 모르니 당연히 내 글에 반응하는 이도 없지요. 이 경우에는 먼저 타인에게 말을 거는 형태로 조금씩 나를 드러낼 수 있습니다. 소통을 시도하지 않고 가만히 있는다면 나에 대한 사람들의 태도, 반응을 받아볼 수 없습니다. 아무도 나를 모르니 우선은 존재를 각인시켜야 합니다. 그다음엔 그들이 나에게 어떤 반응을 보이는지를 확인합니다. 이에 대한 솔루션은 '용기를 내어 말 걸기'입니다.

소통을 위해 나와 비슷한 주제에 관심이 있는 이들에게 말을 건네보세요. 단순히 내 계정에 글을 올리는 것에만 만족하지 말고요.

'웹 소설 작가'로 퍼스널 브랜딩하고 있다면, 현직 웹 소설 작가나 웹 소설 작가 지망생의 블로그 혹은 그들이 모인 커뮤니티 등에 기록을 남기는 것입니다. 그들의 이야기에 귀를 기울여주고 반응을 해주는 것이지요. '사진작가'로 퍼스널 브랜딩하고 있다면 카메라를 좋아하는 사람들이나 사진 촬영을 배우고자 하는 이들 혹은 사진작가의 책을 리뷰하는 이들에게 말을 걸어볼 수 있겠지요.

겁먹을 필요 없습니다. 내 생각과 의견을 표현하라고 만들어놓은 기능이잖아요. 모르는 사이라고, 어색하다고, 피하지 마세요. 싫어할 사람은 없습니다. 반대로 생각해보세요. 내 글에 누군가 의견을 남겨주면 기쁘지 않을까요? 다들 그러합니다.

이때 주의! 나의 노력이 그대로 돌아올 것이라고 생각해서는 안 됩니다. 내가 내민 성의에 다른 이들도 당연히 반응할 것이라고 생각해서 기대만큼의 반응이 없으면 실망하거나 분노하는데요. 이는 착각입니다. 오늘 10명에게 댓글을 달았다고 10명 모두가 내 계정에 찾아와 댓글을 남길 것이라는 착각 말입니다. 당연한 건데도 이를 마음 아파하는 이들이 간혹 있어요.

SNS에서는 참 다양한 일이 벌어집니다. 인스타그램에는 '선팔-맞팔' 개념이 있지요. 서로 팔로우를 맺어 온라인 이웃이 되는 개념이죠. 그런데 조금 시간이 지나면 은근슬쩍 팔로워들이 사라집니다. 서로 팔로우해주자는 약속을 파기하는 거지요. 체험단이나 협찬 제품을 받아 포스팅을 하고선 시간이 지나면 해당 게시물을 지워버리기도 합니다. 광고성 포스팅이 없는 청정한 계정이라는 것을 어필하고 싶을 때 일어나는 현상이에요.

그러니 온라인상의 소통에 큰 기대는 하지 마세요. 이모티콘을 도배하며 기쁨을 나누어도 그 깊이는 알 수 없으니까요. 타인의 선의만을 기대한다면 마음 아픈 일을 겪을지도 몰라요.

또 말을 건넬 때는 성의 없는 보여주기식 소통은 피해야합니다. 무조건적인 칭찬도요. '공감한다' 혹은 '○○부분에 대해서는 조금 다른 생각을 갖고 있다' 등 상대의 글을 읽고 의견을 남겨보세요.

반대 의견을 댓글로 달면 안 될 것 같다는 사람이 종종 있습니다. 하지만 '복사-붙여넣기'한 무성의한 멘트나 무의미한 칭찬보다는 훨씬 끌림이 일어나는 댓글입니다. 칭찬만 하는 사람에게 호감을 느끼는 사람은 없습니다. 칭찬의 가치는 할수록 낮아지거든요. 이런 포지션을 자처하지 마세요. 당신의 칭찬을 당연하게 받아들이는 사람이 늘어나게 됩니다. 오히려 맹목적인 칭찬이 아닌 솔직한 태도를 유지한다면 당신의 칭찬에 더욱 진정성이 실리게 됩니다. '이 사람은 솔직한 사람이야. 솔직한 사람이 하는 칭찬은 가치가 있어'라는 생각을 하게 되지요. 우리도 그렇잖아요. 항상 좋은 말만 하는 친구가 있다면 한 번쯤 이 친구의 반응이 진심인지 의심하게 됩니다. '나 기분 좋아지라고 그냥 해주는 말이 아닐까' 싶은 거지요. 이를 고려하면서 소통을 시도하면 되겠습니다.

물론 솔직함과 무례함은 구분되어야 합니다. 타인의 생각이 틀렸다고 고쳐야 한다고 주장하는 것이 아니라 '나는 이 부분에서 조금 관점이 다르다' 정도의 톤이면 충분합니다.

소통을 빙자해서 무턱대고 질문을 하는 이들도 있습니다. '서울대공원 방문 후기' 포스팅에 댓글로 '입장료는 얼마였나요', '이동 시간은 얼마나 걸렸나요?' 등 질문을 던지는 식입니다. 검색하면 바로 나오는 정보잖아요. 이에 답을 해야 하는 글쓴이의 입장에서는 오히려 번거롭고 짜증이 날 수 있습니다. 이렇게 억지로 소통을 시도한다면 조금씩 삐걱거리더라고요.

누군가에게 관심을 보이는 방법 중 하나가 질문인 것은

맞습니다만 역효과가 날 수 있어요. 궁금한 것이 있다면 쉽게 답을 찾을 수 있는 것인지 검색해보고 그다음에 질문해도 늦지 않습니다. 답해야 하는 이를 귀찮게 하는 것은 좋은 방법이 아닙니다.

내 글에 끌림이 없다면 '소통이 일어나는 끌림 만들기'

타인이 나에 관해 무관심한 또 다른 이유는 '내 글'에 끌림을 느끼지 못하기 때문입니다. 자신의 글에 끌릴 만한 요소나 내용, 느낌이 없으면 소통을 시도한들 반응이 없습니다.

반응이 없으면 글을 고쳐야겠지요. 또 끌림이 없다면 만들어야겠지요. 이를 위한 솔루션이 바로 지금 읽고 있는 이 책입니다. 책 전반에 걸쳐 끌림이 있는 글을 만드는 법을 소개해보겠습니다.

'잘 쓴 글'로
보이고 싶은 글

'잘 쓴 글'에 대한 개념적인 합의를 먼저 해봅시다. 고급스러운 문체와 단어 사용을 의미하는 것이라면 단박에 해낼 수 없습니다. 이를 원한다면 과한 욕심이지요.

하지만 단순한 정보 전달이 아니라 '라이프 스타일이 녹아 있는 글'을 '잘 쓴 글'이라 정의한다면 이 책에서 강조한 여러 가지 방식을 하나씩 적용해볼 수 있습니다. 하나씩만 해보는 겁니다. 순서대로 해볼 필요도, 한 번에 다할 필요도 없어요. 그냥 아무 페이지나 펼쳐 읽어보고 그곳에 적힌 글쓰기 팁을 적용해보는 것입니다.

가장 조심해야 할 것은 글쓰기 스킬이나 테크닉'만' 어줍잖게 흉내 내는 것입니다. 도발적인 첫 문장을 써야 한다는 조언을 보고 모든 글의 첫 문장을 도발적으로 작성한다면 역효과가 나기 쉽습니다. 더 나아가 힘을 주는 글쓰기를 하지 마세요. 글에 힘을 줄수록 경직된 문장이 나옵니다. 그리고 읽는 이들은 이를 너무나 잘 알아챕니다.

앞서 언급했던 것처럼 메시지와 어조가 일치하지 않으면 사람들은 불쾌감을 느낍니다. 잘 모르거나 자신이 없다면 솔직하게 말하는 것이 오히려 호감을 자아냅니다. 잘 모르는 분야를 강한 어조로 훈계하는 글을 작성했는데 사람들의 반응이 나쁘지 않았다고 해도요. 알고도 모른 척하거나 예의상 반응을 해준 것일지도 모릅니다.

저는 '느낌'을 언어로 바꾸는 능력을 강조합니다. 재미있게 읽은 책을 떠올려보세요. 영화나 드라마도 상관없습니다. 그리고 이 느낌을 언어로 옮겨보세요. 단순하게 "진짜 재미있었다." 말고 무엇이 어떻게 왜 재미있었으며 무엇을 느꼈는지 길게 써보는 것입니다. 이 작업은 응당 스트레스를 유발합니다. 그래서 훈련이 됩니다.

다양한 표현 능력을 기를 수 있다면 어떠한 주제라도 좋습니다. 언어를 가지고 노는 시간을 늘리세요. 유튜브나 넷플릭스를 보는 시간은 표현력을 기르는 것과는 거리가 멉니다. 콘텐츠를 단순히 받아들이는 거니까요. 가끔 새로운 단어나 표현을 접할 수는 있지만 '표현력'을 기르는 것과는 거리가 멉니다. 표현력은 머리 아프게 고민하는 과정에서 길러집니다. 어떤 단어를 사용할지 무슨 표현으로 문장을 구성할지 여러 가지로 시도해보세요.

표현 능력 트레이닝

개인적으로 애용하는 연습법이자 '표현'을 다각화하고 싶은 이들에게 추천하는 방법이 있습니다. 바로 사진을 묘사하는 연습인데요. '픽사베이(pixabay.com)'와 같은 저작권 무료 사이트에서 마음에 드는 사진 하나를 다운받아 워드나 한글로 불러옵니다.

그리고 그 사진을 묘사해보는 것입니다. 나는 사진을 봤기 때문에 어떤 느낌인지 알지만, 사진을 보지 못 한 사람들은 어떤 사진인지 알 방도가 없지요. 그런 이들을 위한 글을 작성해보는 것입니다. 글을 통해 사진을 묘사해야 한다면 대부분 시작을 못 합니다. 전체적으로 묘사를 해야 할지, 디테일을 묘사해야 할지, 분위기를 알려주는 것이 옳은지, 시각적인 것을 언급해야 할지….

정답은 없습니다. 그리고 이런 과정을 거치며 글쓰기 실력이 길러집니다. 이러한 연습은 익숙해지기 전까지는 근력 운동을 하는 것처럼 힘이 듭니다. 하지만 이는 연습이 되고 있다는 증거입니다. 점점 더 희소함의 영역으로 진입하고 있다는 뜻이기도 해요. 예를 들어볼게요.

위의 사진을 글로 묘사해야 한다면 어떻게 할 건가요? 다시 말하지만, 정답은 없습니다. 표현하고 싶은 그대로 글로 옮기면 됩니다. 저는 다음과 같이 써보았습니다.

건물 안에서 창밖을 찍은 사진인데 전체적으로 매우 어둡다. 창밖에는 노을이 진 하늘이 보인다. 하늘을 위아래 둘로 나누어 본다면, 위의 절반은 희뿌옇고 나머지 아래는 노을로 인해 명도가 짙다. 좌측 그리고 우측 끝에 나무들이 있다. 창문에 꼭 붙어서 촬영한 듯하다. 창틀은 격자무늬다.

어떤가요? 파편적인 정보를 모아 놓은 수준이지만 이 정도만 지속해도 표현 능력이 길러집니다.

🗋 비밀 댓글

저는 자격증 대비 시험공부를 하면서 방문한 카페와 수험정보를 블로그에 업로드해왔는데요. 검색이 잘되고 클릭이 잘 나오는 제목을 쓰는 편이에요. 이렇게 글을 써야 힌다고 배웠고, 실제로 방문자도 늘어나더라고요. 그런데 스쳐지나가는 느낌입니다. 무슨 정보 센터가 된 것 같고 퍼스널 브랜딩이 되는 건지 아닌지 알 수 없어 답답해요.

┗, 일반적으로 '검색에 걸리는 것'을 목표로 하다 보면 글 제목에 사람들이 검색할 만한 키워드를 구겨 넣게 됩니다. '~잘하는 법'이라는 키워드를 사람들이 많이 검색한다면 제목에 억지로 끼워 넣는 방식이지요. 그래서 다음과 같은 글 제목이 완성됩니다.

'수학 잘하는 A 공부법'
'점수가 올라가는 수학 잘하는 법'

선뜻 클릭하기에는 홍보성 느낌이 강합니다. 어쩔 수 없다고 생각했을 거예요. 일단 검색 결과에 노출되어야 하니까요. 평소라면 이렇게 쓰지 않았을 텐데 자신도 모르게 힘이 들어가는 것이죠. 저는 이를 의도적으로 피하면서 글을 써야 한다고 말합니다. 앞서 강조한 것처럼 다들 '이렇게' 쓴다고 해서 나도 '이렇게' 쓴다면 희소해질 수가 없어요. '클릭을 부르는 제목 공식' 같은 것을 사용해야 할까요? 생각해보자고요. '나만의 무언가를 쌓아간다는 느낌'으로 글을 쓰거나 콘텐츠를 만들거나 할 때, '연기'는 티가 납니다. 읽는 이들은 있는 척 또는 아는 척하는 것을 기가 막히게 알아챕니다. 그런데도 '연기하는 글'을 포기하지 못하는 이유는 '연기'를 해야만 경쟁 사회에서 살아남을 수 있다고 믿기 때문입니다. 글에는 공식이 없는데도 그런 제목을 써서 검색 노출을 시도하고 그럴듯하게 연기하는 것, 과연 필요할까요?

평소 자주 방문하는 블로그 이야기를 들려드릴게요. 이 블로그는 제목 공식 같은 것을 사용하지 않아 검색 유입이 많진 않지만(물론 모든 포스팅이 검색 유입과 동떨어져 있다면 한계를 마주할 수 있습니다), 오로지 이웃으로 소통하는 이들을 늘려가고 있습니다. 그런데 이 블로그에서 갑자기 발성법에 대한 이야기를 하네요. 발성법을 바꾸니 힘들이지 않고 말을 할 수 있어서 좋다나. 평소라면 바로 '뒤로가기' 버튼을 눌렀을 주제입니다. 하지만 어느새 몰입해서 읽고 있더라고요. 호기심을 느끼는 탐구 모드로 변화한 것이지요. 돌이켜보면, 내 관심사는 그 블로거였다는 생각이 듭니다. 그가 겪은 일이라면 주제에 상관없이 관심이 생깁니다. 이를 반대로 이야기하면 아무리 글쓰기 주제를 잘 골라도 나라는 사람에 대한 브랜딩이 이루어지지 않는다면, 독자는 내 글을 지루하게 볼 수 있다는 뜻입니다. 물론 해당 주제에 대해 전문적인 지식이나 특별한 경험이 있어 양질의 정보를 제공할 수 있다면야 문제 없겠지만, 그런 전문가가 얼마나 되겠어요.

그러므로 내가 제공하는 정보보다 나라는 사람에 대해 관심을 갖게 만드는 방법을 택해야 합니다. 퍼스널 브랜딩이 이루어지는 글 기획을 할 줄 알아야 하는 이유이기도 하지요. 나라는 사람에 관심 갖는 이들이 늘어간다면 자유도가 높아집니다. '정형화된 공식'에서 벗어나서 좋아하는 주제에 대해 마음껏 떠들어도 되는 순간이 되면 '~잘하는 법'을 억지로 끼워 넣지 않아도 자유를 느낍니다. 갑자기 발성법 이야기를 해도 읽는 이들이 있으니 조금 더 다양한 선택지를 고를 수 있게 되는 것입니다.

🗋 비밀 댓글

아무것도 떠오르지 않아서 글쓰기가 너무나 어렵게 느껴집니다. 글의 주제를 선정하는 기준이 있나요?

ㄴ, 딱히 주제를 선정하지 않습니다. 빈 화면에 뭐라도 적어 나갑니다. 머릿속에 지나가는 생각을 글로 옮겨보기도 하고 내가 목표로 하는 것에 대한 글을 적어보기도 해요. 그렇게 글을 쓰다 보면 스쳐가는 생각이 있습니다. '밀도'가 다른 생각이요. 그 생각을 주제로 글을 적어가기 시작합니다.

매번 글감을 찾은 이후에야 글을 쓰기 시작한다면 글쓰기는 정말 고된 일이 될 겁니다. 그 반대로 접근해야 해요. 적다 보면 글감이 떠오릅니다. 적당한 글감이 떠오르지 않는 날도 있겠지요. 그러면 뭐 어때요. 정말로 '뭐라도' 적는 것이죠. 예를 들어 저는 모니터 빈 화면에 이렇게 글을 작성합니다.

── 오늘은 뭘 쓰지. 어제는 카피라이팅의 중요성을 이야기했던 것 같은데. 그렇다면 오늘은 흠…, 모르겠다.

카피라이팅 예시? 너무 뻔하다. 예시는 읽는 이가 이미 잘 알고 있을 듯. 그럼 내 이야기를 해야 할까? 내 이야기는 아무도 모르니까. 좋아하는 카피라이터 이야기를 할까? 이거, 괜찮은 생각이다. 그리고 내가 왜 그 카피라이터를 좋아하게 되었는지, 어떻게 그 사람을 알게 되었는지도 하나씩 적어보면 좋겠다. 맞다. '이 문장 진짜 멋있다'라는 생각이 먼저 떠오르고 카피라이터 이름을 찾았었지. 이를 중점적으로…"

이렇게 머릿속 흐름을 그대로 적어가다가 '아 이거 좋다'라고 느낀 것이 글감이 됩니다. 글을 쓰면서 생각이 바뀔 수는 있지만 어차피 생각과 감정은 시시각각 변하잖아요. 지금 이 순간만큼은 내게 와닿은 글감을 시작점으로 하여 글을 풀어내면 됩니다.

무언가 정해진 루틴이나 방법이 있다고 생각해서 "애플리케이션 추천해주세요.", "제시어를 선정하는 기준을 알려주세요."라고 질문하는데요. 글쓰기는 과학 실험이 아니에요. 과하게 들어간 힘을 빼고, 공식이 있을 것이라는 생각을 버리고 뭐라도 적어보세요. 잘 쓰는 것을 목표가 아닙니다. 그냥 흰 종이에 글자를 채워야겠다는 의도면 충분합니다.

누군가는 제 조언을 듣고 '그래서 어떻게 하라는 거지' 답답한 마음에 다른 조언을 찾으러 떠납니다. 공식을 알려준다는 이들을 향해서요. 하지만 돌고 돌아 그들에게도 '일단 쓰세요'라는 말을 듣게 될 겁니다. 결국 머릿속의 답답한 생각이라도 글로 적어본 사람이 성장합니다.

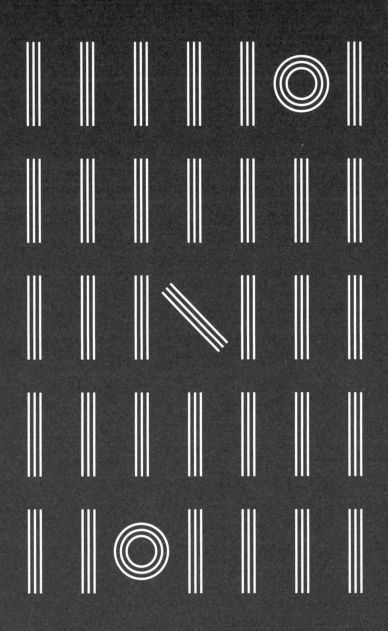

Chapter 4.

내 글이
몰입을
일으킬 때

앞선 챕터에서는 퍼스널 브랜딩의 핵심과 범위 설정, 그리고 어떤 구성으로 글을 써야 하는지까지 다루었습니다. 이번 챕터에서는 글에 녹아들면 좋은 포인트를 이야기해보고자 합니다. 주의해야 할 점이 있습니다. 글마다 이런 요소를 적용하는 것은 오히려 이질감을 만들어낸다는 것입니다. 필요한 순간에만 사용하세요.

심리적인 해방감

글을 읽으면서 심리적인 해방감을 느낄 수 있다면 '중독성 있다'라는 평가를 얻게 됩니다. 중독은 쾌감에서 나오지요. 그리고 심리적인 해방감은 안락감을 유도합니다.

그렇다면 어떻게 심리적인 해방감을 이끌어낼 수 있을까요? 심리적인 해방감은 '결정을 정당화할 수 있는 논리'에서 나옵니다. '맞다 이거지'라고 생각이 정리되는 글쓰기를 해야 한다는 의미입니다. 구체적인 상황을 예시로 가져왔습니다.

딸깍. 이런, 반응이 없습니다. 커피포트가 고장났네요. 위태위태하더니 결국 이렇게 되어버렸습니다. 새로 구입을 해야 할 것 같아요. '적당히 예뻐 보이는 제품을 구입하면 되겠지' 가벼운 마음으로 검색을 시작합니다. 그런데 웬걸. 제품의 가격대가 천차만별입니다. '거기서 거기 아닌가?'라고 생각했는데 의아합니다. 조금 더 알아보니 신경 써야 할 점들이 한둘이 아니네요. 포트의 재질, 용량, 기능, 물 따르는 홈의 구조와 센서의 위치…. 얼씨구, 국내 AS 센터의 유무까지도요.

후기를 찬찬히 읽어봅니다. 만족한다는 내용도 있지만 신경 쓰이는 문장도 있습니다.

"구입 전에 이런 것들은 꼭 체크하세요."
"이거 모르고 샀다가 후회합니다."
"직접 받아보니 이런 문제점이 있네요."
"이건 개선이 필요한 것 같습니다."

스트레스가 올라옵니다. 빨리 고민의 과정을 건너뛰고 싶은데, 그렇다고 아무거나 고를 수는 없잖아요. 섣부른 결정으로 후회하고 싶지는 않거든요. 누가 그냥 정답을 알려줬으면 좋겠습니다.

답이 있는 것 같은데 정답을 모르는 상황에서 우리는 스트레스를 받습니다. 취향의 문제라면 적당히 마음 가는 제품을 고르면 되겠지만 정답이 존재하는 듯한 상황에서는 자유롭지 못합니다. 잘못된 결정을 하고 싶지 않기 때문입니다.

어느 순간 '아, 됐다. 이거다' 하고 마음 편히 구매 버튼을 누르는 순간이 옵니다. 어려운 문제를 푼 것처럼 기분이 좋네요. 시험을 마친 것 같습니다. 결과는 잘 모르겠지만 일단은 결정 스트레스로부터 해방입니다.

"머리 아프게 생각하고 싶지 않아"

퍼스널 브랜딩을 위해서는 다른 누군가에게 '아, 됐다. 이거다'라는 생각을 뽑아낼 수 있어야 합니다. '정답을 찾은 것 같다'라는 느낌을 불러내야 한다는 의미입니다. 그 순간 상대방은 나에 대한 가치를 인지합니다. 그렇기에 저는 성공적인 브랜딩을 다음과 같이 정의합니다.

'타인을 고민으로부터 해방시켜주는 것'

제 주변에는 "가전제품은 ○○전자야."라는 말을 입에 달고 사는 사람들이 많습니다. 생각할 필요 없이 '그냥 이것이 정답'이라는 느낌을 불러일으키지요. 머리 아프게 비교하고 따지고 싶지 않다는 욕망이 담겼습니다. 사람들은 생각하고 고민하는 것을 싫어합니다. 그렇다고 아무거나 고르는 것은 더욱 싫어하지요. 생각이라는 귀찮은 과정은 건너뛰고 바로 정답을 원합니다. 그래서 대기업들이 이 포지션을 차지하고 있지요.

"대기업 제품이니까 믿을 수 있겠지. 설마 별일 있겠어."
"조금 비싸긴 하지만 잘 만들었을 거야."

이처럼 선택은 합리적인 근거를 바탕으로 이루어졌다는 기분이 들게 만들어야 합니다.

끌림과 동질감을 동시에 불러오는 방식

그러기 위해 감안할 요소는 '타깃 유저가 함께 고려 중인 다른 선택지까지 언급하는 방식'입니다. "A호텔에 다녀왔다. 재방문 의사 100%, 너무나 만족스러웠다."라는 포스팅은 기대만큼 반응을 끌어낼 수 없습니다. 왜냐하면 사람들은 내 글만 읽는 게 아니거든요. 이런 포스팅은 수많은 리뷰 중 하나일 뿐입니다.

보다 끌리는 문장은 "이 지역의 A호텔, B호텔, C호텔 중 A호텔이 가장 낫다."라는 포스팅입니다. 왜냐하면 그들은 A,

B, C 중에 하나를 고르고 있던 참이거든요. 이런 글은 '어, 나와 비슷한 상황이네'라는 생각을 자아내 다른 포스팅보다 강한 호감을 얻습니다. 더 나아가 '내가 해야 하는 고민을 대신 해주었네', '귀찮게 고민할 필요 없이 여기에 정답이 있었네'라는 생각과 함께 긴장되었던 뇌가 편안해짐을 느낍니다. 유저의 상황에 들어가 그들이 고민하고 있는 선택지들을 함께 언급하세요. '오, 이거다'라는 반응이 나올 겁니다.

이 작은 차이를 놓친다면 끌림이 생기지 않습니다. 해방감을 만들 수 없기에 그러합니다. 결정 앞에서 뇌는 상당히 피로감을 느끼므로 타깃 유저가 어떠한 상황에 있는지를 살펴보고 이를 해소해주는 글을 작성해야 합니다.

사례를 하나 더 들어보자면, 만약 해당 지역이 관광객이 주로 방문하는 장소인 경우 여행 동선까지 고려하면 좋습니다. "다들 이런 코스로 여행을 계획하나 보다. 펍에 가기 직전에 B카페에서 봤던 사람을 또 만났다."라는 식으로 스토리에 정보가 녹아든다면 강한 동질감을 얻을 수 있습니다.

하고 싶은 이야기를 일방적으로 떠드는 게 아니라 타깃 유저의 상황을 염두에 두고 내 경험을 풀어가는 것. 이런 글쓰기가 필요합니다. 그런데 생각보다 많은 사람이 '나는 이

런 사람이고 이런 걸 좋아하고(싫어하고), 이걸 추천한다(안 한
다)' 하는 자기 얘기만 주구장창 늘어놓습니다. 끌림과 동질
감을 불러 일으킬까요?

"이번에 내가 팀장으로 승진했는데 연봉이 22%가 오르고 이
제 본 회의에 참석할 수 있다. 이게 얼마나 대단한 것인지 말
해보자면, 참석자들의 대부분이 아이비리그 출신의…"

그래서 어쩌라고요. 듣기 싫어집니다. 대단함은 일시적인
호기심을 줄 수는 있지만 끌리지는 않습니다. 호기심과 끌
림은 전혀 다른 요소입니다. 생각해보세요. 당신이 함께 시
간을 보내고 싶은 사람은 누구인가요? 이 야기를 나누고 싶
고 밥을 같이 먹고 싶은 사람은 아마도 위에서 언급한 팀장
은 아닐 겁니다.

이상하게도
읽히는 글 : 긴장 그리고 이완

복잡하고 어려운 글과 쉽고 간단한 글 중에 좋은 글은 어떤 것일까요? 당연히 후자가 아니냐고 하겠지만 꼭 그렇지만은 않습니다. 쉬운 글은 가볍고 별 내용이 없는 느낌을 주기도 하거든요. 어려운 글과 쉬운 글. 양쪽이 어느 정도 균형을 이룬 글을 저는 '이상하게도, 읽히는 글'이라 부릅니다. 이를 구현해내는 것은 쉽지 않지만 해낼 수 있다면 자발적으로 찾아오는 이들이 늘어나기 시작할 겁니다.

쾌감은 긴장이 풀어질 때 발생합니다. 다시 말해 내 글을 읽는 이들이 긴장과 이완을 차례대로 경험한다면 쾌감을 느낍니다. 너무 쉬운 글에는 긴장이 없습니다. 반대로 너무 어려운 글은 긴장만 이어지지요. 무슨 말인지도 모르는 문장이 연달아 등장하면 머리만 아픕니다. 수능 비문학 지문도 아닌데 말이죠.

글에서 긴장과 이완을 이끄는 방법은 '그럴듯한데 모호한 문장'에 '구체적인 예시'를 순차적으로 등장시키는 것입니다. 제가 자주 사용하는 방법이기도 해요. 여기서 '모호한 문장'이란 어떤 문장일까요? '모호하다'는 것은 글에서 정보가 필요한 포인트를 의미합니다. 추가 정보가 제공되지 않아서 단편적인 지식만 있는 것입니다.

궁금해지게 하는 문장 만들기

카페에서 옆 테이블에 앉아있는 모르는 사람들의 대화가 들린다고 생각해보세요.

"그때 진짜 놀랐잖아."

우리는 단편적인 정보 하나를 알게 되었습니다. 그런데 그때가 언제이고 무슨 일이 있었는지 전체적인 그림이 그려지지 않아서 귀가 자동으로 쫑긋하게 됩니다. 이때 긴장이 일어납니다. 아직 미지의, 추가로 습득해야 하는 영역이 남아

있으니까요. 구체적인 예를 들어볼게요.

〈예시 1〉

새로운 무언가가 늘어난다는 점에만 집중했기 때문입니다. 일상을 꾸준히 블로그에 업로드하다 보면 방문자도 늘어나고 블로그 이웃도 생깁니다. 댓글이 달리며 소통이 일어납니다. 광고 문의도 여럿 들어오지요.

〈예시 2〉

글의 느낌은 표현 방식과 메시지의 거리가 결정합니다. 위의 예시 제목을 클릭했는데 내용은 특별한 것이 없다면 어떨까요. 별것도 아닌 내용을 힘주어서 말한 것이라면요? 그래야만 주목을 받을 것이라고 생각했기 때문이겠지만 이때 사람들은 거부감을 느낍니다. 마치 집 앞 편의점에 정장을 빼입고 가는 것처럼 어딘가 부자연스러운 것이지요.

두 가지 예시 모두 그럴듯한데 모호한 문장을 던지며 시작했습니다. 대충 어떤 말인지는 알겠는데 명확하게 손에 잡히지 않는 그런 느낌을 주지요. 이어지는 문장에서는 앞선 문장을 최대한 구체화합니다. 예시를 들거나 설명을 하거나 하는 방법으로요. 이를 읽는 이들은 자연스레 이해가 되며 해소되는 느낌을 받게 됩니다. 너무 쉬운 글이나 너무 어려운 글에서는 느낄 수 없던 쾌감 말입니다.

'그럴듯한데 모호한 문장'을 만드는 것은 쉽지 않습니다. 그렇기에 말하고자 하는 바를 확실히 한 다음에 모호한 문장으로 만들어야 합니다. 위의 예시 글을 작성할 때의 프로세스를 적어볼게요.

> 〈예시 1〉 작성 프로세스
> 블로그 활동을 하다 보면 이웃도 생기고 방문자도 늘어나고 여기저기서 광고 제안도 온다.

명확한 문장이지요. 어려울 것 하나 없는 문장입니다. 정보 전달에 있어서는 효과적일지 모르지만 읽는 맛은 부족합니다. 약간의 난이도(긴장)가 느껴지고 이를 해결하는 과정(이완)이 따라와야 쾌감이 발생하기 때문입니다. 그래서 저는 위의 명확한 문장을 모호하게 표현했습니다.

없던 이웃이 생기고 방문자가 늘어나고 광고 제안까지 들어오는 것이니 '무언가 늘어난다'라고 표현할 수 있겠네요. 이러한 프로세스로 "새로운 무언가가 늘어난다는 점에만 집중했기 때문입니다."라는 〈예시 1〉 첫 문장이 만들어졌습니다.

<예시 2> 작성 프로세스

내용은 사실 별것 없는데 제목만 자극적인 글들이 있습니다.

군더더기 없는 평범한 문장입니다. 다만 강조할 만한 점이 보이지 않습니다. 글에는 말투나 표정, 목소리의 크기 등이 보이지 않아서 나타나는 문제점입니다. 저는 이를 극복하기 위해 표현을 다르게 해보았습니다. 자극적인 어조로 클릭을 유도하고 뻔한 내용만 가득 차 있는 글들을 '제목과 내용의 거리감'으로 표현해보고, 같은 단어의 반복은 지양하는 것이 좋으니 '내용'은 '메시지'로, '제목'을 '표현 방식'으로 바꾼 것이죠. 결과적으로 <예시 2>의 "글에 대한 거부감은 메시지와 표현 방식의 거리감이 결정합니다."라는 문장이 탄생했습니다.

모호한 문장은 충분한 예시와 부가 설명으로 이해를 도울수 있습니다. 이때 모호한 표현과 부가 설명은 떨어져 있으면안 됩니다. 대기하고 있다가 곧바로 치고 나와 상황을 수습해야 합니다. 때에 따라서는 모호한 표현이 연달아 나와야 하는 순간도 있습니다. 그럴 때는 반드시 한 개씩 언급된 모호한 표현을 수습하고 난 후 두 번째 표현이 등장해야 합니다. 이를 제대로 하지 못하면 그냥 어려운 글이 되어버립니다.

수능에 나오는 지문이라면 어려운 글이라도 모두가 기를 쓰고 독해하려고 노력할 겁니다. 하지만 우리가 쓰는 글은 수능 문제가 아닙니다. 일정 선을 넘는 순간, 모두가 뒤로가기 버튼을 누릅니다.

누군가를 붙잡아두기 위해 필요한 것

새로운 글을 보면 우리는 판단합니다. 계속해서 읽을까? 뒤로가기를 누를까? 이 판단을 붙잡아둘 방법은 몰입을 끌어내는 것입니다.

몰입이 일어나려면 다양한 요소가 복합적으로 작용해야 합니다. 이중 저는 '모호한 이미지와 구체적인 부가 설명'의 순서를 강조합니다. 이는 매우 중요하기에, 예시 하나를 더 첨부해보겠습니다.

생각하는 사람1 님의 블로그 　　　　　　　　　URL 복사 　이웃

짜증이 난 손님 앞에선 다른 생각을 하려고 노력하는 편이다. 억울하면 눈물이 나오는 버릇이 있어서 그렇다. 그리고 지금 나는 필사적으로 다른 생각을 하기 위해 노력하고 있다. 왜 봉툿값을 받느냐고, 예전에는 안 그랬는데 왜 그러냐고 소리를 지르는 손님에게 내가 대처할 방법이 없다는 사실이 슬펐다. 그래서 더욱 다른 생각을 했다. (중략)

위의 짧은 이야기를 볼까요? 첫 문장 "짜증이 난 손님앞에선 다른 생각을 하려고 노력하는 편이다."에서 우리는 말하는 이가 손님을 마주하는 직업이라는 것을 알 수 있습니다. 다만 구체적으로 어떤 직업이고 어떤 상황인지는 유추할 수 없습니다. 제가 말한 모호한 이미지입니다. 아직 초점이 맞지 않은 카메라 렌즈처럼 분위기는 느껴지지만 구체적인 상황은 알 수 없습니다. 그래서 더 읽어봅니다. 도대체 무슨 상황인지 이해하고 싶다는 충동이 일기 때문입니다.

길거리에서 싸움이 벌어졌을 때를 생각해봅시다. 사람들은 아닌척 해도 귀를 쫑긋 기울입니다. 왜 싸우는지 궁금하거

든요. 지나가는 한 아주머니가 구경하는 사람에게 묻습니다.

"왜 싸우는 건가요?"

"주차 문제인 것 같아요."

이 대화를 들은 이들은 그제야 그 자리를 떠납니다. 모호 했던 궁금증이 해소되었기 때문입니다.

당신의 스토리텔링도 이와 비슷한 프로세스여야 합니다. 처음부터 시원하게 밝혀버리면 궁금해지지 않아요. 위의 짧은 이야기도 같은 구조입니다. 글을 읽어 내려가면서 자연스레 말하는 이의 상황과 성격을 인지하게 됩니다. 글을 조금 더 볼까요.

생각하는 사람1 님의 블로그   URL 복사 이웃

(이어서) 생각보다 답은 가까이 있었다. 나 다음으로 교대하는 아르바이트생에게 이 고민을 털어놓았더니 그 진상손님 대처법을 알려주었다. 그 손님은 대접받는 것을 좋아하니 백 원짜리 하나를 미리 받은 다음, 올 때마다 20원씩 봉툿값을 차감해보라고. 그러면 본인을 기억하고 있다는 사실과 특별대우를 받는다는 생각에 오히려 웃으며 계산을 한다고 말이다.

이 경험을 통해 나는 고객 개개인 특성을 파악하는 것이 꽤 중요하다는 것을 몸으로 깨닫게 되었다. 마케팅 혹은 기획에 있어서

싸고 평점이 높으면 전부다, 라는 생각을 했더랬다. 정말 어리석은 생각이었다. 눈앞에 있는 고객을 잡을 수 있는 공략법은 어딘가에 반드시 존재한다는 전제로 문제를 바라보는 태도를 갖게 되었다.

진정성이 느껴지지 않나요? 글을 쓸 때 많이 하는 실수 중하나가 곧바로 핵심 메시지만 전달하는 것입니다. 한 번에 설명을 다 하지 마세요. '배경지식이 없는 이들은 이해하지 못할 텐데'라는 생각이 들더라도 일단 적어보세요. 그리고 조금씩 힌트를 주는 겁니다. 읽는 이가 머릿속에서 퍼즐을 맞추게 하세요. 한 조각, 한 조각씩 몰입해서 읽도록이요.

혹시나 해서 덧붙이자면요. 모호함만 가득한 글은 역효과가 납니다. 무슨 말인지 모르겠는데 점차 해결되는 느낌이 중요해요. 퍼즐이 맞춰지지 않는다면 그냥 '읽기 어려운 글'이 돼버립니다. 그러면 다들 뒤로가기를 누르고 말아요.

참! 만약 '모호함-구체화'를 잘 다루지 못하겠다면 우선은 명확하고 구체적인 글쓰기에 집중하는 편이 맞습니다.

대단하지는 않지만
끌리는 글쓰기

'대단함'은 멋진 커리어나 고소득 등 성취 기반의 무언가를 의미합니다. 누구나 원하는 것을 이루어내어 대단한 사람이 된 것이지요. 이 말인즉 대부분의 사람은 그러지 못하다는 것을 의미합니다.

그런데 그런 대단함이 보이지도 않는데 끌리는 글이 있습니다. 그리고 대단하지는 않지만 끌리는 글에는 진솔함과 행동력이 돋보입니다.

유려하지 않아도 진솔하게

우선 진솔함에 관해 이야기해보겠습니다. 포장하지

않고 진솔하게 나를 드러내는 글에 우리는 진정성을 느낍니다. 공무원 시험을 예로 들어볼까요? 다들 알다시피 공무원 시험은 합격률이 정말 낮습니다. 절대다수가 합격하지 못하지요. 합격 수기에 대한 니즈가 가장 강한 분야입니다.

그런데요. 합격하지 못한 절대다수의 글은 가치가 없을까요? 만약 본인을 포장하기 급급하다면 그럴지도 모르겠네요. 그런 글은 딴죽 걸고 싶어지잖아요. '이거, 괜히 핑계 대는 거 아니야?', '허세 부리는데?' 등의 반응이 나오죠. 공무원 시험뿐 아니라 대부분의 분야 또한 마찬가지입니다. 공격을 자처하는 글이라고 할 수 있습니다.

그런데 만약 본인의 생각을 있는 그대로 적은 글이라면요? 대부분은 몰입해서 읽게 됩니다. 이것이 바로 '진정성'입니다. 우리는 그러한 글에서 '사람'을 느낍니다. 퍼스널 브랜딩의 시작점이기도 합니다.

잠깐, 이 부분에서 잘못된 개념을 가진 사람이 있습니다. 글은 유려하고 멋들어져야 하며 좋은 모습이 담겨 있어야 한다는 것이죠. 그렇다 보니 글에서 이야기하는 메시지가 와닿지 않는 예가 많습니다. '평가받는다'라는 두려움 탓에 진솔한 생각이 아니라 나를 꾸미기 때문입니다.

그렇지 않습니다. 못난 점, 나태한 태도, 말과 행동의 불일치, 주위 사람들에게 피해를 끼친 것 또한 담담하게 이야기할 수 있어야 합니다. 글의 표현 방법과 같은 글쓰기 테크닉에 연연하지 말고 솔직한 감정을 써 내려간다면 글쓴이의 진정성이 느껴져 몰입하게 됩니다.

행동이 살아있는 글

글 몇 개를 읽었는데 비슷비슷하다는 느낌을 받게 되면 방문자들은 쉽게 이탈해버립니다. 방문자를 잡아두려면 내용이 풍부하고 내가 모르는 지식과 인사이트가 있다는 확신이 들게 해야 합니다. 이런 확신을 주는 글은 글쓴이의 '행동력'이 도드라져 보입니다.

여기서 말하는 행동력은 '새로운 시도를 어렵지 않게 해낸다'는 뜻입니다. 엄청난 행동을 할 필요는 없습니다. 틀에 박혀 있는 행동반경이나 패턴으로부터 조금씩 벗어나는 것이면 됩니다. 그러한 경험들은 당연히 좋은 글감이 되어줍니다. 더 나아가 살아있는 글을 쓸 수 있게 해줍니다.

행동력은 누군가의 지침을 따르는 것이 아니라 '주체적인 행동'과 관련이 있습니다. 유명 인사가 유튜브에서 알려주는 방법을 따라하는 것이 아니라 새로운, 신선한, '검증되지 않았지만 시도해봐야겠다'라는 태도가 행동력을 의미합니다.

예를 들어 당신이 글쓰기 작가라면 대중적인 글쓰기 연습법이나 유명한 작가의 명언을 이야기하는 내용 외에 새로운 시도를 해볼 수 있을 것입니다. 매일 같은 시간에 방문하는 식당의 분위기를 묘사해 본다거나 1분 동안 글을 쓰고 30초를 쉬는 패턴을 반복해본다거나요.

검증되고 확실한 방법이 아니라 새로움을 추구하는 분위기가 갖춰진다면 사람들은 당신에게 호기심과 호감을 느낄 가능성이 높습니다. 물론 어느 정도의 당위성은 있어야겠지요. 요일에 따라 달라지는 분위기에 집중해보고 싶어 이런 글을 쓰기 시작했다든지 '1분 운동-30초 휴식'을 반복하는 인터벌 운동 방식을 글쓰기에도 적용해보려 한다든지 등의 목적을 말해주는 것이 좋습니다.

🗋 비밀 댓글

마케터 지망생입니다. 평소 이런저런 아이디어를 많이 생각하는 편인데요. 재미있고 반응이 있겠는 걸 싶은 아이디어가 떠오르면 바로 하고 싶어서 막 흥분 상태가 돼요. 그런데 막상 해보려고 하면 '이게, 되겠어?' 하는 생각이 들어서 바로 포기해버려요. 친구들도 왜 안 하냐고 얼른 해보라고 하는데 자신이 없어져요. 이런 패턴이 반복될수록 늘 제자리걸음만 하는 것 같아, 정말 제가 한심하게 느껴집니다.

ㄴ 저도 비슷한 경험이 있습니다. 불현듯 아이디어 하나가 떠오르고 검색해봤더니 실체화된 서비스가 없습니다. 그러면 확신이 생기면서 강한 몰입 상태가 됩니다. 아이디어가 마구 나오고 신이 나죠. 그런데 그다음, 노트북을 켰더니 미묘한 감정이 올라옵니다. 별거 아닌 것 같은데…? 사람들이 안 하는 데는 이유가 있지 않을까…? 개발자한테 말해봤자 아이디어만 뺏기는 것 아니야? 성공해도 대기업에서 카피하면 끝인데…. 최선을 다해서 하지 않을 이유를 만들어냅니다. 몰입 상태는 온데간데없고 점점 수렁에 빠집니다. 우울해집니다.

한순간이라도 정신이 쏙 빠질 아이디어였다면 그 뒤에 따라오는 생각은 무시하세요. 내가 홀딱 반했다면 누군가도 그러할 겁니다. 시간의 문제지요. 적어도 저는 다음의 프로세스를 따르더군요.

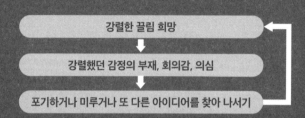

이 패턴을 반복합니다. 그러다 지쳐서 포기하게 되면 나보다 행동력 있게 움직인 사람에게 결국 양보한 꼴이 되지요. 어떻게 이겨낼까요. 저는 이를 위해 '단 한 번의 경험'을 강조합니다. '행동 저항감'을 이해하고 이를 타개하는 단 한 번의 경험. 한 번만 경험하면 알게 됩니다.

저는 희망을 느끼는 '1번' 모드일 때, 최대한 기록을 남기는 편입니다. 지인에게 카톡을 보낸다거나, 다이어리에 지금의 생각을 빼곡하게 적는다거나요. 그리고 감정이 사그라들 즈음, 당시의 기록을 열어봅니다. 그때와 지금 달라진 것은 없는데 내 태도는 정반대이지요. 이를 통해 지금 느끼는 불안이 거짓말일지도 모른다는 생각을 합니다. 만약 시시각각 변화하는 감정으로 인해 앞으로 나아가지 못하고 있다는 생각이 든다면 제가 제안한 방법을 사용해보세요.

☐ 비밀 댓글

저는 수제 비누, 향초 등을 제작해서 스마트 스토어에서 판매하고 있는데요. 뭔가 밋밋하다는 기분이 들더라고요. 생각해보니 유명 브랜드는 저마다의 '멋진 한 줄'이 있잖아요. 나이키의 Just do it처럼요. 제 브랜드도 그런 '멋진 한 줄'이나 브랜드 스토리가 있으면 좋을 것 같아 몇 주째 고민하고 있는데, 잘 안되네요. 대기업처럼 근사한 브랜드 스토리나 캐치프라이즈를 만드는 공식이 있을까요?

┗ 당신의 비즈니스가 애플만큼 유명하다면 매력적인 카피라이팅은 필요합니다. 화려한 영상과 신나는 음악으로 시청자를 즐겁게 하다가 마지막에 로고를 띄워주면 참 멋있죠. 애플이 어떤 회사인지 모두 알고 있기에 먹히는 광고입니다.

하지만 1인 기업이나 소규모 스타트업 등은 사정이 다릅니다. 멋진 문장이나 영상미가 강조된 광고로는 효과를 볼 수 없습니다. '와 멋진 영상이네' 하며 감상용으로만 끝날 확률이 높습니다. 우리의 목표는 감상하는 이들을 만드는 것이 아니라 나라는 브랜드에 대해 자발적인 관심을 만드는 것을 목표로 해야 합니다.

브랜드 스토리를 강조하려는 목적이 고객에게 어필하는 것이라면 오히려 브랜드 스토리의 비중을 낮추어야만 합니다. 슬프게도 내 스토리를 흥미롭게 읽는 사람은 나밖에 없습니다. 자주 가는 동네 카페나 동네 빵집. 인스타그램 피드에 자주 뜨는 수공예품 제작소 등을 떠올려 보세요. 이들의 스토리를 알고 있나요? 아닐 겁니다. 그들도 나름 열심히 스토리텔링을 했는데 말입니다.

브랜드 스토리는 내 콘텐츠와 아주 밀접한 관련이 있어야 합니다. 브랜드 스토리를 어필하면서 고객의 흥미를 끌어내는 것은 꽤나 힘든 작업입니다. 1인 인플루언서이면서 팬층이 두껍다면 모르겠지만 본인이 전면에 나서지 않으면서 브랜드를 운영하는 상황이라면 방법이 달라야 합니다. 고객이 혹할 만한 콘텐츠를 먼저 제작한 후 서서히 브랜드 스토리에 젖게 하는 방식을 취하는 것이죠. 타깃 고객이 '흠…, 브랜드 스토리도 한번 읽어볼까?'라는 생각이 들어야 비로소 브랜드 스토리가 쓸모 있게 됩니다. 그전까지는 누구도 내 브랜드에 관심이 없다고 생각하세요. 씁쓸하지만 우리도 그렇잖아요?

브랜드의 탄생, 역사에 대한 이야기보다 브랜드를 통해 내가 세상에 전하고 싶은 이야기를 먼저 들려주세요.

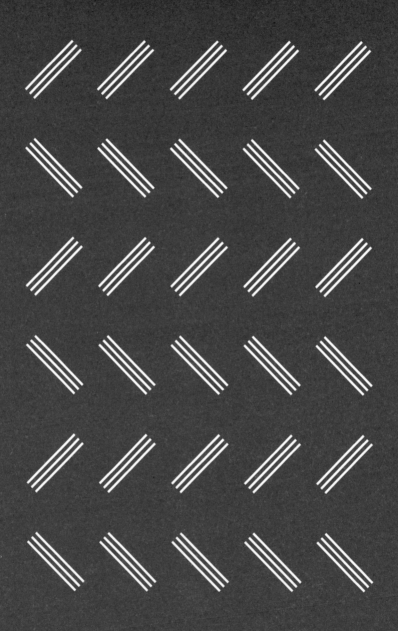

Chapter 5.

퍼스널 브랜딩
실전 디테일, 시나리오

실제 따라할 수 있는 내용을 이야기해보고자 합니다. 무엇을 어떻게 해야 할지 모르겠다면 자신이 처한 상황을 참고하여 그에 맞는 시나리오를 차근차근 따라 해보기를 추천합니다.

크게 제로 베이스인 상황, 어느 정도 경험이 있는 상황, 자기 분야에서 자리를 잡은 상황으로 나누어 설명하겠습니다.

☐ **제로 베이스**

퍼스널 브랜딩이 중요하다는 것을 체감하고 있고, 해보고 싶습니다. 그런데 어디서부터 시작해야 할지 모르는 막막한 상태라면 제로 베이스에 가깝습니다. 구체적으로 방향성을 콕 집어 알려주면 최선을 다할 준비가 되어있는데, 추상적으로 느껴지기에 지쳐간다면 높은 확률로 '제로 베이스'에 해당합니다. 정리하자면 방향성이 잡히지 않아서 답답한 상황이라면 '제로 베이스' 단계입니다.

☐ **어느 정도의 경험 보유**

나를 세상에 알리기 위해 인스타그램, 유튜브, 블로그 등 이것저것 해본 상황입니다. 주제를 정해 나의 생각을 전달해본 경험이 있습니다. 만약 블로그 운영 경험은 있지만 일관된 주제 없이 그날의 일기 정도로만 기록했다면 제로 베이스에 더 가깝습니다.

다만 퍼스널 브랜딩에 있어 어느 정도의 경험을 보유한 상황에 속한다 해도 의문은 계속 남아있을 거예요. '내가 제대로 하고 있는 게 맞나?', '언제까지 이렇게 해야 하나?', '다들 유튜브를 하는데, 나도 인스타그램 그만두고 유튜브를 해야 하나?' 이런 것들이요. 정리하자면 명확한 주제로 뛰어본 사람. 자신감이 없더라도 경험이 있다면 이 상황에 해당합니다.

☐ 자리를 잡은 상황

나라는 브랜드에 관심을 표하는 이들이 있고 어느 정도 그들과 소통을 나누고 있습니다. 더 높은 목표를 준비하는 시기입니다. 어느 정도의 등락은 있겠지만 수입이 발생하고 내 브랜드를 인지하는 이들이 점차 늘어가고 있습니다. 확장을 위해 새로운 채널을 준비하는 단계입니다.

시나리오1 :

제로 베이스

제로 베이스란 말 그대로 재료가 없는 상태를 의미합니다. 퍼스널 브랜딩 관련 첫 수업에서 탄식이 나오는 케이스이지요. 대부분 첫 강의에서 '자신의 강점을 나열하세요'라는 내용을 다루고 있기에 그러합니다.

제로 베이스 상태에서의 프로세스

제로 베이스 상태에서 퍼스널 브랜딩을 기획하고 있다면 다음의 과정을 추천합니다.

적나라한 욕망 들춰보기

우선 '나라는 사람을 브랜드로 만들고 싶다' 속에 숨겨진 욕망을 적나라하게 들춰보는 것으로 시작해야 합니다. 보여주기 싫은 숨겨놓고 싶은 욕망에 대한 이야기입니다. 어쩌면 퍼스널 브랜딩을 하면 쉽게 돈을 벌 수 있을 것 같다는 막연한 생각에 뛰어드는 상황인지도 모릅니다. '퍼스널 브랜딩으로 퇴사 이후 1년 만에 월수입 천만 원의 수입을 올릴 수 있었다' 식의 문구에 꽂힌 거지요.

퍼스널 브랜딩에 관한 당신의 로망은 아마도 이럴 것입니다.

"꾸준히 나를 좋아하는 팬이 늘어나고 자연스레 수입이 늘어나면 책도 쓰고 상품도 기획해야지. 가끔 강의도 나가고 말이야. 내 이야기가 세상에 꾸준히 재생산되어 자연스럽게 영향력이 커지면 좋겠다. 협업 수가 많아지면 더 많은 기회가 찾아올 거야."

이런 로망이 있다면 '욕망이 없는 것'처럼 행동하지 못 합니다. 절대로 못 하지요. 그럼 무엇부터 해야 할까요? 일단 힘을 빼세요. 한 달 정도의 브랜딩 글쓰기로 탄탄대로가 열릴 거라는 환상이 있다면 그 믿음을 내려두세요. 과한 욕심입니다. 단 기간 열정을 쏟아서 자리를 잡을 수 있다면 그 '자리'의 가치는 별 볼일 없을 겁니다.

작고 좁게 시작하기

제로 베이스 상황에서는 마음만 앞섭니다. 무엇부터 시작해야 할지 감이 잡히지 않습니다. 그래서 이미 자리를 잡은 이들을 카피하는 수없이 많은 사람 중 하나가 됩니다. 제로 베이스라면 일단 아이덴티티를 확실하게 하는 것에 초점을 맞추어야 합니다. 이때 생각보다 많은 이가 '그래도 퍼스널 브랜딩이면 전문가에 준하는 역할로 포지셔닝해야지'라는 자세로 임합니다. 그래서 가르치려고 하지요. 망하는 길입니다. 일단은 작은 분야 하나를 잡으세요. 제로 베이스 상태라면 '지망생' 단어를 활용할 수도 있겠죠. 마케터 지망생, 작가 지망생, 일러스트레이터 지망생, 파티플래너 지망생 등. 여기서 한 발짝 더 니치하게 나아갑니다. 마케터, 작가… 너무 광범위하잖아요. 조금 더 세부적으로 들어가야 합니다. 마케팅 분야에서도 카피라이팅, 그중에서도 '감성적인 카피라이팅'만 다루어본다거나 하는 식으로 말입니다. 그리고 그에 대한 이야기를 하는 것입니다.

광범위하게 이것 조금, 저것 조금 이야기해봤자 끌림은

일어나지 않습니다. 제로 베이스에서는 무조건 작고 좁게 시작해야 합니다. 기준이 확고하지 않다면 쉽게 방향성을 잃습니다.

성장의 기록을 위한 2시간

전문적이지 못한 것 같아서 선뜻 내키지 않지만 세분화된 어떤 분야에 대해 관심이 많은 지망생이란 포지션을 잡고 글을 쓰기로 했습니다. 이때 주의할 것은 세상에 이미 널린 정보를 다루어선 안 된다는 겁니다. 얕은 수준의 정보성 글은 다른 이들에게 맡겨 두고 지망생의 시각에서 해석한 글을 작성하는 연습이 필요합니다.

하루에 2시간 정도 시간을 낼 수 있다면 1시간 30분 정도는 습득의 시간으로 가져보세요. 이 시간에 해당 분야에 대한 정보를 머릿속에 집어넣습니다. 제로 베이스라면 입문에 해당하는 책이나 유튜브 영상 혹은 강의를 무조건 습득하는 시간을 가집니다. 그리고 남은 30분은 습득한 지식과 일상을 어떻게든 엮어보는 시도를 해보는 거예요. 결과적으로 엮지 못해도 상관없습니다. 두 분야를 섞을 수 있는 뇌 회로를 만드는 것입니다. 젓가락질을 처음 배울 때는 잘 집지 못하다가 나중에는 졸면서도 할 수 있는 것처럼요.

예를 들어 만약 감성적인 카피라이팅이란 포지셔닝을 했다면 1시간 30분 동안 분야와 관련된 자료들을 공부해야 합니다. 여기서 멈추면 지극히 평범한 마케터 지망생1에서 벗어나지 못하겠죠. 여기에 일상을 적용해봅니다. 어릴 적 읽었던 책 제목을 감성적으로 바꾸어본다거나 친구와 나눈 카카오톡 대화를 감성적인 문체로 재구성해본다거나…. 그리고 이 과정을 블로그 등에 적어보는 것이지요. 이는 결과적으로 성장의 기록이 됩니다.

글 쓰는 습관

글 쓰는 습관을 만들어야 합니다. 아무리 강조해도 지나치지 않습니다. 퍼스널 브랜딩은 결국 내가 세상을 바라보는 관점을 하나의 브랜드로 탄생시키는 과정입니다. 이 과정에서는 무엇보다 표현해내는 능력이 강조됩니다. 사진 기반의 인스타그램이나 영상 기반의 유튜브를 운영한다고 해도 표현력은 여전히 중요합니다.

글을 쓸 때 제로 베이스 상태의 사람들은 조급함을 느낍니다. 어떻게든 빨리 그럴듯한 글을 써서 반응을 끌어내야 한다는 생각에 빠져있습니다. 그럴수록 묵묵하게 쓰는 습관을 들어야 합니다. 습관을 만들기 쉽지 않다면 본인의 루틴에 약간의 강제성을 추가하는 것도 좋습니다.

저는 업무를 마친 이후 바로 집에 가지 않고 카페에 들려 글을 쓰는 루틴을 넣었습니다. 카페까지 온 김에 그리고 커피도 주문한 김에 그냥 쓰고 가자. 한 잔에 5천 원 정도 하는 커피 값을 그냥 날리는 것이 아까워서라도 쓰게 되더라고요.

조금씩 소통하기

꾸준히 글을 쓰다 보면 가끔은 벽에다 말하는 기분이 들 때가 있습니다. 소통이 결여된 글쓰기는 공허한 외침과 같기 때문이죠. 이러한 느낌이 들기 시작한다면 소통을 시도해보세요. 되도록 같은 플랫폼에서요.

네이버 블로그에 글을 쓰고 있다면 나와 비슷한 성향의 블로그를 찾아가 댓글을 남겨봅니다. 마음에 드는 글이 있다면 이를 소개하는 포스팅을 올려도 좋겠지요. 전방위에 뿌리는 스팸 메시지가 아닌 이상 진솔한 글을 남기면 대부분 긍정적인 반응이 옵니다. 그렇게 한 명 한 명 소통하는 사람을 늘려가세요. 다만 의무적으로 혹은 기계적으로 해서는 안 됩니다.

소통에서도 기준이 명확해야 합니다. 포스팅마다 반응을 하다 보면 스트레스가 될 수 있습니다. 또 누군가가 나의 포스팅마다 반응을 해준다고 해서 나 역시 그래야 할 필요는 없습니다. 받은 만큼 돌려주지 않는다고 상대가 거리를 두기 시작한다면 어쩔 수 없는 일이지요. 모든 댓글에 답글을 달아야 하는 것은 당연한 일이 아니랍니다.

퍼스널 브랜딩에 정답은 없습니다. 내가 정한 기준이 정답입니다. 온라인상의 소통에 스트레스를 느낀다면 나만의 기준이 정립되지 않았을 가능성이 큽니다. 생각해보면 저도 그랬던 것 같아요. 분야도 가지각색인 블로그, 카페, 커뮤니티 등을 운영했습니다. 처음에는 재미있었지만 나중에는 숙제처럼 느껴지더라고요. 나의 기준을 지키고 동시에 상대의 기준도 존중한다는 마인드로 접근한 후에야 한결 마음이 가벼워졌습니다.

나만의 서비스를 기획하라

매일은 힘들더라도 정기적으로 해당 분야에 대한 지식을 습득하고 이를 일상에 연결하는 루틴이 자리 잡았다면 한발 더 나아갈 필요가 있습니다. 해당 분야에서 MVP를 만들어보는 것이지요. MVP란 Minimum Viable Product의 약자로 '최소한의 기능이 구현된 상품'을 의미합니다.

앞서 예로 든 감성적인 카피라이팅과 관련된 글을 꾸준히 적어나갔다면, 일정 시점에서 나만의 MVP를 기획해보는 것입니다. 평범한 문장을 감성적으로 바꾸어주는 서비스를 개시할 수도, 네이밍 관련 서비스를 시작해도 좋아요. 다만 아주 가볍게 시작해야 합니다. 이 단계에서는 돈을 버는 것보다 프로세스를 경험하는 것이 중요합니다. 블로그 이웃이나 플랫폼 팔로워들에게 무료로 진행해거나 비용을 받더라도 최소한으로 하는 깃이 좋습니다.

이 단계를 성공적으로 거치면 더 이상 제로 베이스가 아닙니다. 한 분야를 정해 나만의 시각으로 꾸준히 글을 써왔고 더 나아가 이와 관련한 나만의 상품 혹은 서비스를 기획해본 것이라면 제로 베이스를 탈출한 것입니다.

나만의 서비스를 어떻게 기획해야 할지 잘 모르겠다면 여러 프리랜서 사이트를 참고해보는 것을 추천합니다. 대표적으로 '크몽(www.kmong.com)'이 있습니다. 크몽 내 세분화된 카테고리 리스트를 쭉 훑어보세요. 어떤 서비스가 판매되고 있는지를 파악하다 보면 내가 세상을 바라보는 관점이 서비스로 탈바꿈되는 가능성을 찾아볼 수 있습니다.

제로 베이스 탈출의 핵심

관련 경험이 없다면, 지금까지의 내용으로 섣불리 행동에 나서기 어려울 수 있습니다. 당연합니다. A라는 장소에 대해 아무리 자세히 묘사해주어도 해당 장소를 직접 방문한 이보다는 이해도가 떨어질 수밖에 없으니까요. 그렇다고 하더라도 생각만 하지 말고, 앞서 소개한 루틴을 실행에 옮겨보세요. 직접 삶에 적용해보아야 디테일이 생겨납니다. 경험이라는 디테일이 구성되기 시작하면 제로 베이스 이상의 단계로 뻗어나갈 수 있습니다.

물론 루틴을 확립하는 단계가 가장 어렵습니다. 하지 않던 행동을 꾸준히 해야 한다는 것은 결코 쉬운 일이 아닙니다. 그래서 이를 타개하기 위해 다양한 방법이 있습니다. 개인적으로 효과가 있었던 방법을 소개하겠습니다.

다음날 0에서 시작하지 않기

이 방법은 오늘 목표한 글을 다 쓴 뒤에 내일을 위한 몇 문장을 더 적고 루틴을 마무리하는 것입니다. 그러면 내일은 백지에서 시작하는 것이 아니라 이미 적어놓은 문장에 내용을 보충한다는 마음으로 비교적 쉽게 글을 시작할 수 있어요. 이는 웹 소설처럼 매일 글을 연재해야 하는 직업군에서 주로 사용하는 방법입니다.

퍼스널 브랜딩을 위한 글쓰기도 이 방법을 적용하면 글쓰기에 대한 부담을 상당히 줄일 수 있습니다. 청소, 설거지 등 통상적으로 '귀찮다'고 생각되는 일들은 시작하기가 오래 걸리지 막상 시작하면 끝까지 하잖아요. 시작하기 쉽지 않다는 것이 가장 큰 걸림돌이므로 이 걸림돌을 제거해주는 것입니다.

강제된 환경을 만들고 함정에 빠지지 않기

조금 더 강제된 환경을 만드는 것도 좋은 방법입니다. 글쓰기 모임이나 단톡방 등에 참여해서 매일 글쓰기를 인증하는 것이지요. 글쓰기와 관련한 네이버 카페에 가입하면 비슷한 종류의 온라인 소모임을 쉽게 찾을 수 있습니다. 애플리케이션 '챌린저스'에도 비슷한 모임이 많습니다. 네이버에서 '글쓰기 챌린지'를 검색해도 되고요.

매일 성과를 인증해야 하고 약간의 벌칙이 있는 경우가 많다 보니 어떻게든 하려고 애를 씁니다. 하지만 이 방식은 양날의 검일 수 있습니다. (이 방식으로 글쓰기 루틴이 만들어진다면 괜찮지만) 자칫하면 '나의 목적'이 달라지기에 그렇습니다. 머리를 싸매며 일상과 관점을 연결해보려 애쓰는 것이 아니라 단톡방에 인증하기 위한 글을 쓰게 될 수 있기 때문입니다.

만약 이러한 함정에 빠져있는지를 점검하고 싶다면 글 외적인 요소에 얼마나 신경 쓰고 있는지 체크해보기를 바랍니다.

'나의 목적'이 달라지게 만드는 외적 요소 중 대표적인 것은 '분량'입니다. 글의 분량에 초점을 맞추기 시작했다면 조심해야 합니다. 우리는 긴 글을 쓰는 것이 목적이 아닙니다. 그건 나중에 생각해도 늦지 않아요. 몇 문장이라도 좋으니 일상과 분야를 연결하는 연습에 초점을 맞추어야 합니다.

또는 예상치 못한 외적 요소를 만날지도 모릅니다. 예를 들면 '좋아요' 숫자가 그렇죠. 처음에는 크게 신경이 쓰이지 않습니다. 좋아요가 달리지 않아도 그러려니 합니다. 하지만 어느 순간부터 이전의 좋아요 숫자와 비교하는 습관이 생깁니다. 직전 포스팅은 40개가 달렸는데, 이번에는 20개만 달렸다면 신경이 쓰이는 것이지요. 뭔가 잘못하고 있다는 생각에 빠지기도 하고요. 유튜브, 블로그, 인스타그램, 그 어떠한 플랫폼에서도 비슷한 현상이 벌어집니다. 이러한 현상이 벌어지는 이유는 둘 중 하나입니다. 단순한 우연이거나 방향성을 잘못 잡은 것이거나. 단순한 우연이라면 어쩔 수 없는 일이지만 방향성을 잘못 잡은 거라면 판단이 필요합니다. 일단 개별 콘텐츠의 지표가 아니라 '주기'를 기준으로 판단해보세요. 다시 말해 콘셉트를 바꾸거나 새로운 주제에 대한 이야기를 시도할 때 일정 주기 동안 그 콘셉트를 유지해보는 겁니다.

예를 들어 식물을 기르는 이야기를 하다가 분위기를 바꿔보고 싶어서 식물 선택과 관련된 팁을 전달하는 콘텐츠를 제작하기로 마음먹었습니다. 어라? 그런데 새롭게 시작한 콘텐츠의 반응이 영 시원치 않네요. 그러면 곧바로 이전 콘텐츠로 돌아오곤 하는데요. 이 패턴은 새로운 도전을 가로막는 장애물이 됩니다.

그렇기에 처음부터 '주기'를 기준삼아 기획하라는 것입니다. '콘셉트를 바꾸고 난 후 2주일간 혹은 포스팅 4개는 지켜본다. 그 후 지표를 확인하고 지표가 모두 좋지 않으면 이전의 콘셉트로 돌아온다'와 같은 기획을 하고 시작하라는 뜻입니다.

기본에는 집중하고 충동은 이겨내기

글쓰기와 관련한 수많은 조언이 있습니다. 하지만 초기 단계에서 이것저것 모두 신경 쓰는 것은 아무것도 얻지 못할 가능성이 큽니다. 문체, 문장의 길이, 가독성, 비슷한 표현의 반복을 피하는 것, 최소한의 분량, 검색에 유리한 글쓰기 방법, 키워드 배치법, 체류시간이 늘어나는 요소 삽입, 이미지나 이모지 등 디자인적인 요소들….

모두 중요한 조언이지만 아직은 신경쓸 단계가 아닙니다. 이러한 노하우들은 나중에 교정이 가능합니다. 검색 상단

에 걸리기 위한 SEO(Search Engine Optimization, 검색 엔진
최적화) 키워드 배치법이나 가독성 체크는 나중에 하세요.
지금 단계에서는 기본에 집중해야 합니다.

또 다른 중요한 쟁점 하나는 '분야를 바꾸고 싶은 충동을
이겨내기'입니다. 열정이 가라앉았다고 해서 가치가 없는
것이 아닙니다. 무언가를 처음 접할 때의 쾌감이 가장 큽
니다. 새 휴대폰으로 바꾸고 난 뒤가 가장 신이 나는 것처
럼요. 하지만 그 기분은 며칠 가지 않지요. 어느새 익숙해
지고 무덤덤해집니다. 휴대폰 성능은 전혀 변하지 않았는
데 말입니다.

이는 다른 모든 분야에서도 마찬가지입니다. 처음에는 새
롭고 흥미가 생기지만 시간이 지나면 감흥이 사라집니다.
퍼스널 브랜딩 과정도 이와 비슷합니다. 열정도, 공부하려
는 의지도 있었지만 점차 다른 분야가 더 재미있어 보이
고 관심이 바뀌게 되는 것이죠.

그때는 '올 것이 왔다'라고 생각하세요. 더 이상 신나지 않
거나 열정이 사그라졌다는 것에 의미를 두지 않아야 합니
다. 이에 의미를 둔다면 슬럼프를 겪게 됩니다. 흥분, 재미,
설렘, 이러한 순간적인 요소에 신경 쓰지 말고 매일 꾸준
히 시간을 투자하는 것에 집중해야 합니다. 유혹에 빠지
면 벗어나는 것이 쉽지 않습니다. 그래서 지친 상태에서는

다른 분야에 관심을 갖기보다 쉬는 것을 추천합니다. 일정 기간의 휴식은 뇌에 생기를 불어넣고 해당 주제에 대한 스트레스를 낮추어 집중할 수 있게 하니까요. 지금까지 쌓은 실력이 후퇴할까 걱정하지 마세요. 장기적인 시각에서 휴식은 필수 요소입니다. 그러면 다시 시작할 수 있습니다.

슬럼프가 왔을 때

퍼스널 브랜딩, 그것도 제로 베이스에서 시작한다면 슬럼프에 수도 없이 빠질 겁니다. 가장 큰 이유는 가이드라인이나 지표가 존재하지 않기 때문입니다. 목표까지 얼마나 남았는지 구체적으로 알 수가 없어 더욱 그렇습니다. 지금 방향이 맞는지, 속도는 알맞은지, 전진하고 있는 것은 맞는지 수많은 의문이 들 겁니다. 그래서 꾸준히 해내기가 힘이 듭니다.

한 가지 확실한 것은 뭔가를 하고 있다면 그건 무조건 전진이라는 것입니다. 뒤로 간다, 후퇴하고 있다는 없습니다. 앞서 말했던 '얕은 하우투'와 같은 단순 반복적인 작업을 제외한다면 모든 고민은 앞으로 나아가는 과정입니다.

하지만 슬럼프가 왔을 때는 솔직하게 오픈하는 것도 하

나의 방법입니다. 이는 초심자의 특권이기도 하지요. 하지만 연기는 하지 않아야 합니다. 앞서 여러 번 말했듯 사람들은 메시지와 전달 방식의 거리감을 본능적으로 알고 있으니까요. 혼란스럽고 방향을 잃은 것 같다고 솔직하게 털어놓으면 사람들은 아마추어리즘으로 느끼지 않습니다. 오히려 혼란스러운 상황에서도 다 아는 척 그럴듯한 말로 포장하면 거부감을 느낍니다.

가장 기본은 솔직해질 것

해당 분야에 어느 정도 자리 잡은 이들은 '당연히 이건 알고 있겠지'라고 생각해서 입문자의 고민을 이해하지 못하는 경우가 허다합니다. 그렇기에 제로 베이스 상태에서 떠오르는 생각, 지금의 의문점, 감정 등을 최대한 자세히 글로 기록해보는 것이 좋습니다. '하라는 대로 하는데, 이게 잘 될지는 모르겠다', '한 달만 해보고 잘되지 않으면 그만두어야겠다' 이렇게 적나라하게요. 같은 노선을 걷는 이들에게 깊은 공감을 이끌어낼 수 있습니다. 또 가까운 미래에 당신의 글을 만날 이들에게 가장 필요한 자료가 될지도 모릅니다.

감성적으로 읽는 이를 자극하라는 뜻이 아닙니다. '힘들지? 다 괜찮아질 거야'라는 식의 인위적인 따스함을 조성하라는 것도 아닙니다. 치부라고 생각할 만한, 꽁꽁 감추고 아닌 척하고 싶은 고민을 담담하게 꺼낼 수 있다면 도리어 이야기의 주도권을 가져갈 수 있다는 말입니다.

또 고민을 솔직하게 남기기 시작히면 나와 비슷한 생각을 하고 있던 이들이 하나둘씩 팬이 되어줄 겁니다. 다들 눈치만 보고 있는데 스타트를 끊어준 당신의 솔직한 생각은 제로 베이스 상태에서만 경험할 수 있는 자산이기도 합니다.

시간이 지날수록 자랑 배틀이 되어가고 있습니다. 마케팅이나 브랜딩과 관련된 분야라면 '얼마를 벌었느냐'가 모든 것을 결정하는 것처럼 보입니다. 새로운 방식으로 놀라운 수입을 올리는 사람이 되어야만 할 것 같습니다. 그게 아니면 모두 낙오자처럼 보이지요. 그렇기에 다들 조용합니다. '빨리 잘 되어서 자랑하고 싶다'는 생각에 어리숙하고 지질한 면을 드러낼 수가 없는 것이지요. 하지만 반대로 내가 대단해 보이는 순간은 바로 그 고민을 드러낼 때입니다.

시나리오2 :

제로 베이스가
아닌 경우

　사실 퍼스널 브랜딩을 원하는 이들이라면, 완전한 제로 베이스가 아닌 경우가 더 많습니다. 약간의 경험이 있기에 브랜딩에 대한 욕구가 생겨나는 것이지요. 이에 해당하는 이들이 자주 빠지는 오류 그리고 개선 방향에 대해 짚어보도록 하겠습니다.

핵심은 경험이라는 재료를 잘 전달하는 것

　어느 정도 글을 쓰거나 콘텐츠를 만들 수 있는 경우에 퍼스널 브랜딩을 시작하면 여러모로 애매하다는 생각을 하게 됩니다. 아예 모르는 것은 아니지만 전문가라고 자신하기도 어중간한 상태이기 때문입니다. 또 좀 억울하다고 느낍니다.

왜 억울함을 느끼냐면 자신보다 부족해 보이는 이들이 쉽게 자리를 잡고 돈을 버는 것처럼 보이기에 그렇습니다. 이제 막 경력이 1년 된 사람이 유튜브로 성공한 모습을 5년 경력을 갖고 있는 사람이 보면 괜히 억울하지요. '저 정도는 나도 할 수 있는데'라는 생각이 들면서요.

제로 베이스에서의 브랜딩은 꾸준한 인풋(Input)의 과정을 강조했습니다. 비타민을 먹듯 관련된 자료를 꾸준히 섭취하는 과정은 어느 정도의 고통을 수반합니다. 근력을 기르려면 힘들고 하기 싫어도 운동을 반복해야 하는 것과 같습니다.

그러나 이미 경험이 있다면 상대적으로 용이합니다. 경험이 없는 것은 아니지만 딱히 내세울 특별한 것이 없는 이 유형에게 유리한 점은 재료가 갖추어졌다는 것입니다. 경험이라는 재료 말이지요. 다만 이를 전달하는 방식에 초점을 맞춰야 합니다.

설명하지 말고 소설처럼

자신의 경험을 글로 전달하는 방법은 세상에 수없이

많습니다. 저는 조금 다른 이야기를 해보려 합니다. 어느 정도의 경험이 있다면 '소설' 같은 글을 쓰라고요. 그냥 부가 설명은 다 빼고 소설처럼 글을 쓰는 것입니다.

> "스크리브너라는 프로그램이 있습니다. 작가들을 위한 글쓰기 프로그램입니다. A사에서 만든 프로그램으로…"

위 글은 부가 설명이 담겼습니다. 하지만 소설에서는 그렇지 않지요. 소설은 사건 위주로 서사가 전달됩니다. 위 문장을 다음과 같이 바꾸어볼 수 있습니다.

> 오늘도 스크리브너 창을 켠다. 여섯 달 전만 해도 이 기능, 저 기능 모두 사용했는데 언제부턴가 그냥 기본으로 제공되는 화면만 사용하고 있다. 무덤덤해진 건가.

이 글은 누군가를 설득하거나 설명하려고 하지 않고 소설처럼 적었습니다. 브랜딩하고 싶은 방향성에 맞게 경험을 기록했지요. 마치 소설처럼요.

왜 이런 글쓰기를 해야 하냐고요? 단순 지식 전달형 글에서 벗어나도록 돕는 훈련법이기에 그렇습니다. 제로 베이스가 아닌 사람들의 주요한 특징 중 하나는 정보를 전달한다는 강박이 있다는 것입니다. 무언가 알려주고, 짚어주고, 도와주는 것이 본인의 아이덴티티라고 생각하는 것이지요. 잘못된 것은 아닙니다. 다만 섬세하게 모든 것을 하나하나 알려주려는 태도는 한계가 있다는 말입니다. 크게 두 가지 한계가 존재합니다.

첫 번째는 지식 전달형 글은 특성상 쉽게 대체된다는 것입니다. 앞서 강조했던 것처럼 지식 그 자체는 특별할 수가 없습니다. '스크리브너'처럼 특정 프로그램의 사용법에 대해 이야기하는 수많은 포스팅이 내용적으로 다를 수가 없는 것처럼요. 다른 사람의 글과 내 글이 다를 바가 없기에 나라는 사람에게 관심을 보이지 않습니다. 지식 전달형 글로 롱런하고자 한다면 압도적인 퀄리티와 발행량으로 그 분야에서 권위를 획득하는 것이 필요합니다. 하지만 이는 개인이 해낼 수 있는 수준이 아니지요.

두 번째로 눈치 보는 글을 작성하게 됩니다. 이를테면 이렇습니다. 영화관에서 막 영화를 보고 나오는 아이가 있습니다. 신이 나서 영화에 대한 감상을 재잘거리기 시작합니다. "이 장면이 가장 멋있었고 그 장면은 지루했어." 눈치 보지 않고 말합니다. 듣는 이가 이야기에 관심을 보인다면 더 신나서 계속할 것 같습니다.

이는 글쓰기에서도 마찬가지입니다. 문법이나 표현이 잘못돼도 지적하지 않고 관심을 기울여 듣는다면 '자유로운' 분위기가 형성됩니다. 글을 쓰는 이가 읽는 이들의 눈치를 보며 '아, 초보자에게는 설명이 부족한 글 같은데', '이 부분은 누군가를 따라하는 것 같은데'라는 생각을 한다면 글의 흐름이 멈칫하게 되지요. 깊은 이야기를 할 수 있는 글이 상대적으로 얕아지는 결과를 가져오게 됩니다.

설명하지 말라는 이야기가 아니라 글을 적을 때만큼은 읽는 이에게 하나하나 알려주려는 태도를 내려놓아야 본래 의도를 마음껏 표현해낼 수 있다는 뜻입니다. 보충 설명이 필요하다면 각주 혹은 댓글을 통해 간단히 정리하면 됩니다. 단어 몇 개 이해되지 않더라도 글에서 자유로움이 느껴질 때 오히려 사람들은 끌림을 느낍니다.

의도된 불친절의 효과

결국 퍼스널 브랜딩을 원하는 주된 이유 중 하나는 나 자신의 생각을 있는 그대로 세상에 공개하는 것이 아닐까 합니다. 그러니 글을 적을 때만이라도 눈치 볼 것 없이 마음껏 이야기하듯 풀어내 보세요. 소설처럼요. 불특정 다수가 아니라 글에 사용하는 용어 정도는 이해하는 이를 타깃으로 글을 써야 생각의 흐름이 끊기지 않습니다. 퍼스널 브랜딩을 위해서는 지식 전달자만 되어서는 안 됩니다. 내 이야기를 전달해야 하지요. 이런 글쓰기 방식은 내가 말하는 바에 더 집중할 수 있게 도와줍니다.

이 지점에서 중요한 것이 있습니다. '약간의 의도된 불친절'인데요. 읽는 이의 사소한 의문을 해결해주지 마세요. 소설은 복선이 깔리거나 당장 이해가 되지 않는 사건이 벌어져도 오히려 계속해서 읽게 만들지요.

당신의 글을 읽는 방문자들은 지금은 이해되지 않더라도 글을 읽어가며 전체적인 퍼즐이 맞추어질 것을 예상하고 있을지도 모릅니다. 약간의 불친절이 긍정적으로 작동할 수 있지요. 그런 상황에서 매번 사소한 설명을 덧붙인다면 글이 급격하게 지루해집니다. 이는 읽는 이들을 배려하는 게 아니라 무시하는 것일지 모릅니다.

실전 사례 : 제로 베이스가 아닌 경우

퍼스널 브랜딩과 관련한 경험이 조금이라도 있다면 기존의 글쓰기 스타일을 포기하고 방향을 선회해야 할까, 라는 고민이 들지도 모르겠습니다. 기존 방식으로는 유의미한 성장이 이루어지지 않는다고 판단된다면 제가 제시한 방법을 시도해보세요. 이미 업로드된 콘텐츠를 삭제하거나 비공개로 변경할 필요는 없습니다. 그냥 새로운 콘셉트로 이어간다고 생각하면 됩니다. 예를 들어볼게요.

초록비책공방 출판사의 인스타그램입니다. 브랜드 계정으로 신간 소개와 다양한 이벤트 정보를 공유하고 있습니다. 팔로워하게 되면 지속적인 정보를 받아볼 것 같네요. 다만 어느 정도 심리적인 거리감이 느껴질지도 모릅니다. 여기서 제가 말하는 거리감은 무엇일까요?

초록비책공방 포스팅을 보면 사람 대 사람의 느낌보다 형식적인 만남에 가깝다는 생각이 듭니다. 위의 이미지를 보면, 책의 주요 콘셉트를 소개하면서 신간을 알리고 있습니다. 나쁘지 않은 포스팅입니다. 다만 이 안에는 스토리가 녹아있지 않습니다. 브랜딩을 위해서는 제품의 장점을 드러내는 것 외에도 해당 제품과 관련한 스토리가 녹아있어야 기억에 남는데 말이지요. 제가 조금 바꾸어보겠습니다.

편집자라는 직업의 장점이자 단점은 관심 없는 주제에도 관심을 가져야 한다는 것이다. 수학이라니. 사실 단순한 반복 학습 외에

> 무슨 특별한 방법이 있을까 하는 회의적인 시각을 가지고 있었다. 그렇기에 원고를 읽어가면서도 시니컬한 내 태도는 변하지 않았다. '결국 뭐, 내가 알고 있는 이야기를 하겠지.'라는 생각. 기대 없이 일이라서 읽었다.
>
> 두 번째 챕터를 지날 즈음, 내가 재미있게 글을 읽고 있다는 것을 깨달았다. 억지로 페이지를 넘기는 것이 아니라, 내가 주도적으로 다음 페이지를 향하는 느낌. 지루할 것 같다고 생각했는데 작가가 하는 이야기가 내 예상과는 조금 달랐다.

신간을 소개하는 주체를 브랜드가 아닌 개인으로 바꾸어 본 것입니다. 사실 불친절한 글입니다. 이 책이 누구를 대상으로 하는지, 말하는 이가 누군지 소개조차 없습니다. 의도적으로 누락시킨 것입니다.

누군가는 저 스토리텔링에 흥미를 갖고 본인이 원하는 정보를 얻기 위해 초록비책공방의 다른 게시물을 하나씩 눌러 볼 것입니다. 그리고 그 과정에서 '나'에 대한 퍼즐이 하나씩 맞춰질 것입니다. 그렇게 누군가에게 기억되는 과정을 거치고 자연스레 브랜딩이 되는 것이지요.

시나리오3 :

이미 기초적인
브랜딩은 완성된 경우

이미 기초적인 브랜딩이 구축된 상황이라면 조금씩 방문자의 유입을 늘려보기를 추천합니다. 바로 광고입니다. 개인이 손쉽게 이용할 수 있는 광고 도구는 크게 두 가지가 있습니다.

1. 페이스북/인스타그램 광고
2. 구글 애즈

먼저 광고의 목적을 확실하게 해야 합니다. 상품을 즉시 판매하려는 목적으로 광고를 하는 것이라면 아직 어려울 수 있습니다. 내게 노출되는 광고를 잘 살펴보세요. 여러 번 반복되면서 서서히 각인될 것입니다. 예를 들어 인스타그램 피드를 보다가 광고를 발견합니다. '오, 좋아 보이네'라는 생각이 들어도 바로 그 자리에서 결제까지 하지 않습니다. 신규 가입을 해야 한다면 더더욱 그렇죠.

물론 상품의 매력이 상당하다면 인스타그램이나 페이스북 광고를 통해 쇼핑몰에 랜딩시키는 것으로 수익을 낼 수 있습니다. 실물 상품이 아니라 무형 상품도 마찬가지입니다. 노하우가 담긴 전자책, 온라인 강의, 줌 등을 이용한 컨설팅 모두가 이에 해당합니다.

구매 전환이 잘 일어나지 않아서 광고비만 쓰고 있다면 무언가를 무료로 제공해보세요. 이때는 타깃에게 서서히 다가가 조금씩 스며드는 방식이 좋습니다. 예를 들면 네이버폼이나 구글폼을 이용해서 메일 주소를 남기게 하여 정보를 계속 제공하는 방식이 있습니다.

타깃에게 서서히 다가가는 방식 1 : 메일링

무자본 구매대행에 대한 온라인 강의를 홍보하고 싶은 사람이 있다고 가정해봅시다. 처음부터 자신의 강의를 판매하려 하지 말고 PDF 소책자를 제작합니다. 그러고는 메일 주소를 남기는 이에게 PDF를 보내준다고 광고를 돌립니다.

PDF를 받아보실 메일 주소를 적어주세요.

내 답변

_____

상품을 받아보실 주소를 적어주세요.

내 답변

_____

본 설문으로 수집되는 개인정보는 상품 발송을 위해서만 사용됩니다. 개인정보 수집에 동의하시나요?

○ 동의합니다.

입금 및 신청서 작성 이후, 카페 내 공지글 댓글로 '신청했습니다' 라고 적어주세요.

○ 확인했습니다.

제출   양식 지우기

메일 주소를 받을 때는 개인 정보 수집 및 마케팅 활용에 대한 동의를 받아둡니다. 메일 주소를 남긴 이들에게 약속했던 PDF 외에 지속적으로 메일을 보냅니다. 수신을 차단하는 이들도 있겠지만 누군가는 메일을 받아보며 온라인 강의에 대한 구매 의사가 높아질 수도 있습니다.

이는 구독 서비스로 발행하는 뉴스레터와는 다릅니다. 뉴스레터는 일정 주기로 새로운 레터를 제작해야 하는 구조입니다. 하지만 방금 언급된 '메일링' 방식은 미리 만들어놓은 메일이 순차적으로 발송되는 구조*입니다. 내가 5개의 메일을 만들어두었다면 오늘 메일 주소를 등록한 이는 1번부터 5번까지의 메일을 오늘부터 며칠에 걸쳐 나누어 수신하게 됩니다. 한 달 뒤에 새로 메일 주소를 등록하는 이 또한 1번부터 5번까지의 메일을 같은 방식으로 수신하게 됩니다. 이 둘이 받아보는 메일의 내용은 동일합니다.

상품을 그 자리에서 바로 구매 전환시키는 것은 정말 어렵습니다. 금액대가 높은 콘텐츠를 판매한다면 조금씩 스며들게 하는 것이 좋아요. 이때 이메일 마케팅 방법을 활용한다면 지속적으로 제공되는 정보의 수준을 유지, 관리할 필요가 있습니다. 정보를 제공하면서 홍보도 겸하는 느낌으로요. 홍보성 메일을 좋아하는 이는 아무도 없으니까요.

이메일 마케팅이 홍보성 메일의 느낌을 피하려면 1메일 1정보 원칙을 고수해야 합니다. 메일 수신자들도 나의 목표가 콘텐츠를 판매하는 것임을 모르지 않아요. 그런데도 메일을 받아보는 이유는 뭔가 도움이 될 만한 것이 있겠다는 생각 때문입니다. 이 생각이 틀리지 않았음을 인지시켜주는 것입니다. 저는 이 책 전반에서 강조한 스토리텔링 기법 안에 정

● 이를 두고 '이메일 마케팅 자동화'라고 합니다.

보를 한 가지씩 담습니다(글 마지막에 제가 사용했던 샘플 레터를 첨부하니 참고해보세요).

타깃에게 서서히 다가가는 방식 2 : 무료 상담과 협업

타깃에게 서서히 다가가는 또 다른 방법으로 전화 등을 통해 무료로 상담해주는 것입니다. 5분 정도 특정 주제에 대한 통화 상담 서비스를 제공해보세요. 품은 들지만 그만큼 구매 전환이 일어납니다. 무엇을 팔고자 하든 이용할 수 있는 방법입니다.

협업을 해보는 것도 좋습니다. 기초 브랜딩이 완성되었다면 내 분야에서 활동하는 인플루언서에게 제안을 해보세요. 콘텐츠를 홍보해주는 대가로 일정 수익을 배분하는 방식도 있습니다. 다만 기본 전제는 그들도 나도 서로 도움이 되는 제안을 해야 한다는 것입니다.

가령 새벽기상 루틴과 관련된 강의를 진행한다면 브이로그를 전문으로 업로드하는 이들을 찾아 연락해보는 것입니다. 아이디어가 생각나면 실행으로 옮겨야 합니다. 거절당한다고 큰일 나지 않습니다. 혼자서 고민을 계속하는 것보다 행동하는 편이 나은 결과를 가져옵니다.

여기서 자주 받는 질문이 있습니다. 자신이 제로 베이스인지, 어느 정도 경험이 있는 것인지, 아니면 기초 브랜딩이 되어있는 것인지 어떻게 구분하느냐는 것인데요. 저는 '진행하고 있지 않은 무언가에 대한 제안'을 받아보는 시점으로 이를 구분합니다. 예를 들어 글쓰기에 대한 기록을 남기고 있는데 카피라이팅 첨삭 요청이나 글에 대한 평을 해달라고 요청이 들어온다면 '기초적인 브랜딩이 구축된 경우'로 보는 것이죠.

메일링 레터 샘플

자발적 클릭을 유도하는 '광고 분위기'

⊟ 보낸 사람 촉촉한마케터 〈xxxx@xxx.com〉

　　받는 사람 ○○○님 〈xxxx@xxx.co.kr〉

평범한 광고심리학은 '사용자의 경험'에 초점을 맞추기 마련입니다. 사용자를 거스르지 않아야 한다는 생각에 눈치를 보는 것이지요. 대표적인 예로 '타깃이 나에게 도달하기까지의 이동 경로를 최소화해야 한다'는 것으로, 페이스북 광고를 본 사용자가 광고 클릭 이후 랜딩 페이지에서 또 다른 페이지로의 이동을 유도하지 말라는 이야기입니다.

그럴 경우 대다수가 이탈해버린다는 것이지요. 가능하면 랜딩 페이지 내에서 목표하고자 하는 바를 모두 이루어질 수 있게 기획하라는 것입니다. 광고의 목표가 데이터를 모으는 것이라면, 팝업 없이 페이지 내에 개인 정보 입력 폼을 만들라는 뜻이겠지요.

맞는 말입니다. 궁금한 마음에 광고를 눌렀는데 또 다른 페이지로 나를 데려간다면 짜증이 날 것입니다. 실제로 페이스북 광고 A/B 테스트 결과, 트래픽 광고보다는 잠재 양식을 통한 DB 수집의 단가가 현저하게 낮았습니다. 이미지부터 카피까지 동일했는데 말입니다. 물론 잠재 양식 광고는 '내가 연락처를 남겼다는 자각'이 부족할 수는 있습니다. 어찌 되었건, 광고를 본 순간의 불쾌감이

크지 않았다는 해석입니다.

다시 돌아와서, 간혹 위에서 언급한 것과는 정반대의 상황이 펼쳐질 때도 있습니다. 방문자들이 랜딩 페이지의 로딩이 오래 걸려도, 이 페이지 저 페이지로의 이동을 몇 번이나 강제해도 읽어 내려가는 경우입니다.

언제 이런 강한 끌림을 느낄까요? '내가 필요로 하는 것이 여기에 있다'는 확신이 들었을 때 그러합니다. 적당히 훑어보니 내가 찾던 방식이라든가, 내가 원하는 라이프 스타일 혹은 필요로 하는 무엇을 갖고 있다거나… 이런 생각이 들면 '뒤로가기'를 누르지 않습니다. 뒤로 가는 순간, 내게 절실한 그것과 이별하게 되니까요.

예를 들어 마케터 A는 키워드를 추출하는 데 어려움을 겪고 있습니다. 단순한 검색량/포스팅 수 말고 키워드의 가치를 파악하고 싶은데 그 방법을 모릅니다. 어딘가에 이와 관련한 자료가 있을 텐데 어디서 얻을 수 있는지 모르는 것이지요. 이 상황에서 A에게 '키워드 가치 판단법 PDF 10만 원. 지속적인 가격상승 예정'이라는 카피라이팅은 되려 반발심을 일으킬 수 있습니다. 이때 'ㅇㅇㅇ키워드보다는 △△△ 키워드가 가치가 높겠죠? 그러면…' 하고 설명하는 영상이 있다고 가정해봅시다. 마케터 A가 이 영상을 보고 '키워드 가치를 파악할 수 있겠다'라고 판단했다면 관련된 글이나 영상을 수집하기 시작할 겁니다. 메뉴 구석구석을 눌러보고, 사람(회사) 이름으로 검색도 해보겠지요. 출판된 책이 있다면 읽어볼 겁니다.

광고에 풍기는 기획된 '분위기'는 타깃 고객들의 자발적인 참여를 유발해냅니다. 고객의 귀에다가 "네가 원하는 자료 여기 있다!"라고 소리 지른다면 귀를 기울이지 않습니다. 시끄러워하겠지요.

또한 광고에 풍기는 기획된 '분위기'는 광고의 성과를 두 가지 측면에서 개선합니다.

첫 번째는 전환입니다. 더 많은 이들이 행동합니다. 구입하거나 상담 신청을 하거나.

두 번째로는 플랫폼의 사랑입니다. '광고를 클릭한 이후의 체류시간'이 길어질수록 대부분의 플랫폼에서는 당신의 광고를 밀어줄 것입니다. 잘 만든 광고라고 판단하는 것이지요. 그렇기에 광고단가 낮아지고 비슷한 수준의 입찰가를 제시했다면 당신의 광고가 노출되기 시작할 것입니다. 플랫폼 또한 고품질의 반응 좋은 광고를 원하기 때문입니다.

🗌 비밀 댓글

나보다 실력이 없고 경력도 길지 않은 사람들이 전자책이니 강의니, 또 얼마 벌었다는 게시물을 볼 때마다 속상하고 억울합니다. 그런 이들에 비하면 저는 쉽게 상품화를 하지 못하는 것 같습니다. 어떻게 하면 좋을까요?

ㄴ, 이유야 여러 가지가 있겠지만 내 경험이나 지식은 돈을 받고 판매할 수준이 아니라고 무의식이라도 생각하는 것은 아닐까요? 혹은 글쓰기나 강의라는 매개체에 익숙하지 않아서 피하고 있는지도 모릅니다. 평가받는다는 것에 대해 막연한 두려움을 가진 사람이 많거든요. 강의라는 분야는 더욱이 그렇지요.

여기서 반드시 알아야 할 것은 '출시 경험'이 매우 중요하다는 겁니다. 그러니 일단 짧은 강의나 전자책을 제작해보는 등 부담이 적은 규모로 시작해보세요. 이때 첫 강의나 전자책은 무료로 제공하는 것도 시도해볼 만합니다. 다만 리뷰를 작성하는 조건을 걸 필요는 있겠지요.

강조하지만 고민을 오래 하면 더 나은 결과물이 나올 것이라는 착각에서 벗어나야 합니다. 콘텐츠에 대한 사람들의 반응을 떠올려보고 지레 겁먹을 필요 없습니다. 사실 나 혼자만의 상상인 경우가 대다수입니다.

콘텐츠에 대한 반응이 예상대로 나오지 않을 수도 있고, 정
반대의 결과가 나오는 경우도 허다하겠지만 부딪혀 보기
전까지 하는 고민과 예측은 모두 망상이라 보고, 공개를
한 후 돌아오는 피드백을 기반으로 수정해나가면 됩니다.

본인의 콘텐츠가 어느 정도의 자본을 필요로 한다면 크라
우드 펀딩을 추천합니다. 와디즈(www.wadiz.kr)나 텀블벅
(bumblug.com) 등의 플랫폼에서 아이디어의 현실화를 위
한 돈을 모금할 수 있습니다. 예를 들어 내가 만든 디자인
으로 비누를 만들고 싶은데 자본금이 200만 원 정도 필
요하다면 와디즈나 텀블벅 등에 게시해서 취지를 설명하
고 후원(펀딩)해주십사 하는 거죠. 물론 후원자에게는 후원
금액에 상당하는 리워드(여기서는 비누겠네요)를 약속하고요.
크라우드 펀딩 플랫폼에서는 목표한 금액이 모이지 않았
을 경우 후원자에게 환불되고 목표한 자본금이 모였을 때
만 시제품을 만들어볼 수 있습니다. 그래서 상품을 만든 후
에 재고만 쌓여 있는 최악의 상황은 벗어날 수 있습니다.

* 크라우드 펀딩 플랫폼 : 소셜네트워크 서비스를 이용하여 다수의 개인 회
원으로 부터 후원을 받거나 투자 등을 받아 자금을 모읍니다.

지식 콘텐츠도 크라우드 펀딩을 할 수 있습니다. 목표 금액을 최저 금액으로 설정하고 펀딩한 사람에게 PDF 전자책을 보내주는 것이지요. 특정 분야의 노하우 혹은 큐레이션을 통해 만들어진 파일도 펀딩으로 콘텐츠에 대한 반응을 테스트하기 좋은 아이템입니다.

🗌 비밀 댓글

글보다는 영상에 관심이 있어요. 유튜브를 시작해보려는데 조
언 좀 해주세요.

ㄴ, 유튜브가 영상 매체라고 할지라도 글은 신경 써야 합
니다. 말하고자 하는 것을 영상이라는 매개체를 통해 보여
줄 뿐이잖아요. 대부분의 영상은 촬영 이전에 기획 단계에
서 구조적으로 설계의 과정을 거치기도 하고요. 게다가 섬
네일 등의 카피에도 필요하지요. 결국 글로 명확한 기획
을 하고 실행하지 않으면 영상이 엉성할 수밖에 없습니다.
만약 '프리랜서 라이프를 보여주고 싶다' 이것을 영상으
로 옮긴다면 아침에 눈을 떠서 밤에 잠들 때까지를 단순
하게 시간순으로 편집하는 것이 아니라 콘셉트가 될 것을
기획해보는 겁니다. '프리랜서의 시간 활용 : 시간에 쫓기
며 지쳐가는 나' 이렇게 보여주고자 하는 바를 한 문장으
로 확실하게 정해둔다면 촬영과 편집에 있어서 중요한 기
준이 되어줄 것입니다. 유명하거나 팬층이 있다면 일상을
단순히 시간순으로 편집해도 끝까지 봐주는 이들이 많겠
지요. 혹은 내 직업이나 일상 자체에 희소성이 있다거나
요. 하지만 그게 아니라면 흔하디흔한 브이로그 중 하나

가 될 뿐입니다.

이를 제대로 기획하지 않고 '일단 영상을 찍고 적당히 편집해서 업로드해야지'라고 시작한다면 영상에 대한 지표가 좋을 수 없습니다. 당연히 유튜브도 당신의 채널에 대한 기대치를 낮추고 노출 수도 덩달아 낮아질 수밖에 없지요. 유튜브는 첫 영상을 테스트 삼아 밀어주거든요. 그래서 첫 영상은 공들여 올리기를 추천합니다.

더 나아가 유튜브에서는 다양한 지표를 제공합니다. 시청 시간이라는 개념인데 내 영상을 얼마나 시청하는지를 보여주는 기능입니다. 나와 비슷한 주제와 콘셉트의 채널 평균 시청 시간이 어느 정도인지를 검색해본 다음에 그 정도를 목표로 해보는 것이 중요해요. 또한 내 영상의 어느 시점에서 시청자들이 이탈하는지를 보여주는 기능도 있어요. 매 영상을 복기하면서 시청자들이 빠지는 구간을 체크해봐야 합니다.

마지막으로 클릭률인데요. 영상의 섬네일이 얼마나 매력적인지를 알아볼 수 있는 지표입니다. 물론 클릭률에만 신경 써서 과한 어그로를 끌게 된다면 시청 지속 시간이 길지 않겠지요. '영상이 클릭되는 것'도 중요하지만 '그들이 얼마나 머무는지'도 중요합니다.

Q&A
질문과 답변

퍼스널 브랜딩을 시작하는 이들이 자주 하는 질문에 대한 답을 모아두었어요. 지칠 때마다 읽어보면 도움이 될 만한 것입니다. Q&A는 크게 세 가지 카테고리로 나누었습니다.

- 행동력 문제(심리적인 요소)
- 수익화에 대한 고민
- 방향성

행동력 문제(심리적인 요소)

> **Q.** 뭘 해야 하는지도 알겠고, 무엇부터 해야 하는지도 알겠는
> 데 글을 쓰는 것이 쉽게 행동으로 옮겨지지 않아요.

A. 직설적으로 말하자면, 대단한 것을 해내고 싶다는 마음
이 내재되어있을 가능성이 높습니다. 멋지고 대단한 글
을 쓰고 싶은데 지금은 그렇지 못하다 보니 뱅뱅 겉도
는 것이지요. 좋은 글을 써서 모두에게 인정받고 싶어
서일지도 모릅니다. 우선, 힘을 빼세요.

'하지 않던 행동을 한다'는 것에 의미를 두어야 합니다.
새롭게 테니스를 배운다고 생각해보세요. 당연히 자세
가 무너지고 원하는 방향으로 공을 보낼 수가 없습니
다. 아니, 공이 잘 보이지도 않을 것입니다. 그렇다고 해
서 노력이 무의미한 것이 아닙니다. 대단한 것을 해내
야 한다는 강박이 있다면 차분한 마음가짐을 갖는 것이
먼저입니다. 네, 재미없지요. 그런데 제가 아는 한 가장
중요한 포인트 중 하나랍니다.

제 경험담 하나를 소개할게요.

비가 오는 날이었어요. 몸이 안 좋았는데도 카페에서 책을 읽으며 보내는 시간을 포기할 수 없어 낑낑대며 집 밖으로 나왔습니다. 막상 나오니 상쾌하더라고요. 뷰가 좋은 카페의 2층. 평소 좋아하던 테이블에 자리를 잡고 커피를 주문했습니다. 주섬주섬 책을 꺼내 천천히 읽어가는데 소설을 써보고 싶다는 생각이 듭니다. 열정이 커지며 욕망이 실체화되기 시작합니다 '언젠간 해보고 싶다'에서 '해볼까?'가 되는 것이지요. 마침 노트북도 챙겨 왔네요. 새 파일을 열고 단편소설 기획을 다짐합니다.

허참, 그런데 시작하지 못합니다. 생각은 많은데 글로 옮겨지지가 않습니다. 왜 시작하지 못하는 걸까요. 의미 있는, 대단한, 수익으로 연결되는 뭔가를 만들어야 한다고 생각하기에 그렇습니다. 시행착오를 피하려고 오랫동안 고민해보지만 그런다고 최단거리의 루트가 발견되는 것은 절대 아니지요.

솔직히 자신에 대한 평가가 너무 너그럽습니다. 나는 그렇게 대단하지 않습니다. '모든 가능성을 대비할 수 있는 완벽한 것'을 만들어내려고 애를 쓸수록 백지에서 벗어날 수가 없습니다. 그러니 뭐라도 시작해야 합니다.

결론적으로, 그날 저는 엉망인 초고를 썼습니다. 그러자 생각지도 못했던 지점들을 마주하게 되더라고요. 이제, 이 문제점들을 해결해나가는 연습을 할 것입니다. 그러면서 어느새 경험이 쌓이게 되겠지요.

Q. 언제 포기해야 하는지가 궁금합니다. '언젠간 되겠지'라는 희망고문 말고 '이 정도 했으면 됐다' 싶은 지표가 있는지요.

A. 이는 가장 큰 딜레마인데요. 주식 투자처럼 타이밍을 가늠하는 것이 쉬운 일이 아니기 때문입니다. 저는 '온라인상에서 교류를 나누는 이들이 생기지 않는다면' 지금의 방향성을 수정해야 한다고 이야기합니다. 내가 타인에게 전혀 끌림을 주지 않는다는 말이거든요.

단 몇 명이라도 소통이 일어나고 있다면 방향은 제대로 잡은 것이라고 생각해요. 그럴 때는 조금 더 적극적으로 글을 쓰고 소통하며 사이즈를 키워나가는 것이 맞습니다. 만약 상품이나 서비스가 론칭되어있다면 조금씩 소액으로 광고를 돌려보는 것도 좋고요.

그런데 내 딴에는 열심히 글을 쓰고 소통을 시도하는데

돌아오는 것이 냉담한 반응이라면 다음 두 가지에 신경을 써야 합니다.

첫째, 메시지의 깊이 문제입니다

다들 알 만한 이야기를 무게 잡고 전달하면 호감을 느끼기 어렵습니다. 타인을 나무란다거나 가르치려 하는 이야기 또한 마찬가지입니다.

디테일 없는 모호한 이야기는 울림을 주지 못합니다. '소비자의 니즈를 파악하는 것이 중요합니다'라는 말을 아무리 반복해도 메시지에 깊이를 느끼는 이는 찾기 어려울 것입니다. 어떻게 해야 니즈를 파악할 수 있는지 디테일을 이야기할 수 없다면 주제를 바꾸는 것이 낫습니다.

둘째, 글쓰기 능력입니다

글을 아주 잘 쓸 필요는 없지만 다른 이들이 무리 없이 읽을 수 있는 수준은 되어야 합니다. 가장 효과적인 방법은 소리내어 읽어보는 겁니다. 글을 소리내어 읽다 보면 어딘가 어색한 부분이 느껴질 겁니다. 그 포인트를 고쳐나가는 것이지요.

혹은 직설적인 평가를 해줄 수 있는 지인에게 글을 보

여주고 솔직한 의견을 요청해도 좋아요. 글에 대한 평가를 어려워한다면 다음의 기준을 두고 질문해보세요.

1. 글에서 다루는 주제가 흥미로운가
2. 문체나 표현 사용에 어색함이 없는가

1번을 문제 삼는다면 우선은 걱정할 필요가 없습니다. 평가를 부탁한 지인의 관심사와 내 타깃 유저의 관심사가 다를 수 있기 때문입니다. 하지만 그 비율이 압도적으로 많다면 글을 조금 더 소설처럼 쓰는 연습을 해보세요. 이러이러한 일이 있었고 이러한 생각을 했다고 단순하게 끝을 내는 게 아니라 시간적인 순서를 바꾸어 본다거나 생생한 대화문을 쓴다든가요. 이러한 자잘한 요소를 활용해서 글에 생동감을 줄 수 있습니다. 또는 개연성을 체크해보는 것도 좋습니다. 내 행동의 이유, 그로부터 알게 된 새로운 사실, 떠오른 생각 등이 유기적으로 연결되면 글이 훨씬 나아지거든요.
글쓰기는 노력의 영역입니다. 사용하는 표현이나 단어가 한정적이라면 일단 글을 작성한 후 업로드 전에 표현을 다각화하는 연습을 해봅니다. 문장을 최대한 다양한 표현으로 재구성해보는 것입니다.

가령 "가장 큰 딜레마이기도 하지요." 이 문장을 아래처럼 바꾸어볼 수 있습니다.

"가장 큰 딜레마는 다음과 같습니다."
"어떻게 해야 할지 감이 잡히지 않아요."
"갈팡질팡하며 선택을 내리지 못하는 순간을 마주합니다."

맞아요. 귀찮은 작업입니다. 그렇기 때문에 희소성이 생겨납니다. 문제를 파악했고 해결하는 방법까지 아는데 귀찮다는 이유로 멀리한다면 아쉽지 않겠어요? 지금 당장 바로 시작하지는 못하더라도 조금씩은 연습하는 것이 필요합니다.

Q. 홀로 선다는 것에 대해 상당한 두려움을 느낍니다.

A. 평소에 걱정이 없다가 특정 상황에 부닥치면 잠재되어 있던 고민이 떠오를 수 있습니다. 이때 최악의 상상이 자동으로 펼쳐집니다. 지금 하고 있는 일에 대한 가치도 느껴지지 않고 모든 노력이 허사가 될 것 같다는 공포도 생기고요. '이거 해봤자 안 될 건데…?' 무기력해

질 수도 있습니다. 진심과는 다르게 나를 잘못 이해하는 이들이 생겨날 것 같다는 불안함이 자책으로 이어지기도 하고 누군가에 대한 분노로도 이어집니다. 짜증나고 귀찮기도 한 그런 순간을 다들 경험합니다. 스타트업을 경영하거나 1인 기업으로 살아남기 위해 노력하는 지인 중에 그렇지 않은 이가 없어요.

성장하면 할수록 두려움을 느낄 가능성은 점점 더 높아집니다. 비즈니스가 잘 될수록 실패 시 입을 손실과 상처도 덩달아 커지지요. 그렇기에 사업을 하면서 큰 수익을 얻고 싶다면 그와 비례해 성공에 대해 내려놓음도 준비해야 합니다.

퍼스널 브랜딩은 시간이 지날수록 나를 드러낼 수밖에 없는 구조입니다. 공격당할 범위가 늘어나지요. '내 사업은 무조건 우상향으로 끝없이 성장해야 해', '마지노선은 이 정도야. 이 이하로 떨어지는 일은 절대로 없어야 해'라는 생각은 내려놓으세요.

또한 수익이 나지 않는 구조의 비즈니스를 애착 때문에 놓아주지 못한다면 그 또한 생각해봐야 합니다. 사업에 대한 애정도 중요하지만, 그 사업을 얼마나 빠르게 론칭할 수 있는지 객관적으로 판단하고 결정하는 것도 꼭 필요합니다.

Q. 막막함은 언제쯤 사라질까요? 다양한 강의를 들었고 배운 대로 따라하고 있습니다. 조금씩 돈도 벌고 있고요. 그런데 뭔가 주도적으로 해내고 있다는 생각이 들지 않아요.

A. 경험치를 쌓는 것이 중요합니다. 라면을 예로 들어볼게요. 라면은 적당한 양의 물을 넣고 적당히 가열하면 최고의 맛은 아닐지라도 그럭저럭 익숙한 맛은 구현할 수 있습니다. 그 정도는 다들 하잖아요. 이러한 수준의 경험치를 말하는 것입니다.

비즈니스에서도 마찬가지입니다. '○○방식으로 글을 써서 트래픽을 만들어내면 ○○ 정도의 순수익이 남는다'라는 것이 경험으로 남아있어야 합니다.

여기서 말하는 순수익은 거창한 수준이 아닙니다. 작은 비즈니스면 충분합니다. 최소한의 경험치가 쌓여 확신으로 굳어지면 자신감이 붙기 시작할 거예요. 그러면 막막함이 걷히기 시작하지요. '된다, 안 된다'의 영역이 아니라 '되긴 되는데 어느 정도까지 되려나'라는 생각이 먼저 듭니다.

모든 선택은 만족과 후회를 동반합니다. 1인 기업을 준비한다면 조심해야 할 것이 본래 완벽한 선택이란 있을 수 없다는 것입니다. '고민의 깊이가 깊어질수록 날

카로운 선택을 할 수 있을 것이다'라는 믿음은 허황된 것입니다.

어린 시절, 친구들과 놀이를 하다 보면 암묵적인 규칙이 생깁니다. 누구도 문서화하지 않았지만, 그 규칙이 지켜져야 다 같이 즐겁게 놀이를 할 수 있습니다. 그러다가 새로운 규칙이 추가된다거나 특정한 상황을 칭하는 구체적인 표현이 만들어지는 순간이 있습니다. 이 지점이 매우 중요합니다.

이를 주도적으로 한다는 것은 상품을 명명하고 새로운 규칙을 만들어낼 수 있다는 뜻입니다. 내가 만든 개념이 자연스레 타인에게 수용된다는 것은 판 자체를 기획해낼 수 있다는 의미와 동일합니다.

비즈니스에 대입하자면 '이 제품은 이러한 가격대를 형성하는 것이 당연하다'라는 논리에서부터 자유로워질 수 있습니다. 단순히 물건을 떼어 와서 마진을 붙여 파는 방식은 고민이 필요 없습니다. 희소하지 않으니 별다른 기획 능력이 필요하지 않지요.

저는 이미 존재하는 기성품을 온라인에서 팔아보고 싶다면 제품에 조그마한 기획을 입혀보라고 제안합니다. 같은 물건을 같은 논리, 같은 USP(Unique Selling Proposition, Unique Selling Point, 판매 가치 제안)를 통해 판매하는 것은 소모적인 싸움입니다. 가격 경쟁만이 아닌 주도적으로 다수에게 수용될 만한 아이디어를 짜내고 이에 덧붙여 물건을 판매해야 하지요. 같은 상품을 더 비싸게 팔아도 수긍이 되는, 그래서 고객이 구입하게 되는 프로세스를 만들면 고객과 시장에 끌려다니지 않고 주도적으로 개척해나갈 수 있습니다.

Q. 단기 목표와 장기 목표. 각기 다른 전략을 취해야 할까요?

A. 저는 장기 프로젝트와 바로 성과가 나는 단기 프로젝트를 섞는 것을 좋아합니다. 제 계획표에는 짧게는 3개월, 넉넉잡아 1년 정도를 바라보면서 진행하는 일들도 있고, 한 달 뒤면 수익이 나기 시작하는 비즈니스, 실행 다음 날부터 수익이 나는 비즈니스도 있습니다. 저는 이 세 가지를 함께 진행합니다.

하지만 일을 하다 보면 단기간에 수익이 나는 일들만 골라서 하게 됩니다. 보상이 1년 뒤에, 그다지 높지 않은 확률로 돌아오는 것은 멀게만 느껴져서 적극적으로 매달리지 않게 되지요. 그래서 장기 목표는 매일 약간의 강제성을 두고 합니다. 예를 들면 '카페에 가서 마무리하기 전까지는 집에 돌아가지 않는다' 하는 등 자기만의 강제성을 부여하는 거지요.

퍼스널 브랜딩을 위한 단기 목표가 '성과 기반'이라면 쉽게 포기하게 됩니다. 오늘 할 일을 열심히 했는데, 내가 기대했던 성과에 도달하지 못하면 실패했다고 느끼기에 그렇습니다. 따라서 단기 목표는 성과가 아니라 행동의 유무를 기준으로 하세요. 행동했다면 목표를 이룬 것입니다. 결과가 기대에 미치지 못해도요.

예를 들어 한 달 안에 나를 브랜딩하는 글 10개와 나에게 질문하는 이들 15명을 만들려는 목표를 세웠습니다. 한 달 뒤 10개의 글은 내 행동의 유무로 성공 또는 실패가 결정됩니다. 하지만 '질문하는 15명 만들기'의 성과는 내 노력 이외의 요소가 포함되어있으니(타인을 내 마음대로 조종할 수 없으니까요) 달성했든 아니든 성공과 실패를 말할 수 없습니다. 그러므로 후자에 목표를 두지 마세요.

단기 목표는 행동에만 집중하세요. 대신 장기적인 목표, 즉 최소 두세 달 이상을 바라보며 세우는 목표는 성과 기반으로 기획해보세요.

Q. 애드센스, 애드포스트, 쿠팡 파트너스, 스마트 스토어 위탁 판매, 구매대행… 정말 많은데, 무엇부터 해야 할까요? 주의할 점은 무엇이 있을까요?

A. 언급된 것 모두가 제휴 마케팅의 일종인데요. 우선 제휴의 개념을 알아야겠습니다. 여기에서 사용되는 '제휴'라는 단어는 중간에서 연결해준다는 개념입니다.

애드센스와 애드포스트는 블로그나 웹사이트에 자리를 마련해두고 그 자리에 광고를 거는 방식입니다. 네이버 블로그에는 애드포스트라는 것이 붙고, 티스토리 블로그나 워드프레스로 제작한 개인 웹사이트에는 대개 애드센스가 붙습니다. 이 외에 카카오 애드핏, 데이블 등이 있지만 가장 유명한 것은 애드센스와 애드포스트입니다. 이는 내 상품/서비스를 판매하기 위해 광고하는 것이 아니라 광고를 받아 광고할 자리만 제공하는 것입니다. 광고주와 잠재적 소비자를 연결하는 것, 제휴의 일종입니다.

쿠팡 파트너스 등의 CPS(Cost per Sales)도 제휴 마케팅의 범주 안에 있는데요. 역시 내 제품이 아닌, 타 판매자의 상품을 대신 홍보해주고, 결제가 일어날 시에 일정 비율을 정산 받는 구조입니다. 제휴 마케팅의 장점은 리스크가 없다는 것입니다. 물론 시간과 노력이 들긴 하지만 금전적인 손실은 없습니다.

구매대행이나 위탁판매는 내게 주문이 들어왔을 때 판매자에게 재주문을 넣는 방식입니다. 예를 들어 A라는 사람의 가방을 10만 원에 판매한다면 저는 13만 원에 판매하고 고객의 주문이 들어오면 A에게 가방을 주문하여 3만 원의 차익을 버는 것이죠. 이때 A가 고객에게 직접 발송하도록 하는 것도 하나의 방법이겠네요. 언뜻 보기에는 자본금 없이 할 수 있을 것 같지만 그렇지 않습니다. 고객이 주문했다고 해서 바로 정산이 되는 구조가 아니거든요. 대부분의 마켓은 '구매 확정'을 누르거나 발송 이후 14일 정도가 지나야 정산이 이루어집니다. 그렇기에 최소 A에게 주문을 넣을 수 있을 만큼의 자본금은 있어야 합니다.

구매대행이나 위탁판매에서 고려해야 하는 것은 저작권 문제입니다. A의 판매 상세페이지를 그대로 복사해

쓰면 저작권법 위반이 됩니다. A에게 허락받아야 하는데 A도 어딘가에서 복사해온 것이라면 난감하지요.

또한 낮은 진입장벽으로 경쟁자가 다수 출현할 수 있습니다. 상품에 마진을 붙여서 업로드하면 되는 것이니 누구나 할 수 있지요. 그렇기에 마진을 줄이는 경쟁으로 치달을 수 있습니다.

마지막으로, A가 더는 판매를 하지 않을 수도 있습니다. A가 제조업체인 경우 이런 일이 왕왕 발생하는데, 더 큰 마진을 위해 직접 판매를 할 수도 있고 해당 상품의 생산을 더 이상 안 할 수도 있는 등 여러 상황이 있을 수 있습니다.

그러므로 퍼스널 브랜딩을 원한다면, '나만의 상품'을 만드는 것에 힘쓰기를 권합니다. 제휴해야겠다면 애드센스까지 추천합니다. 그 외의 제휴는 퍼스널 브랜딩과는 거리가 있으므로 권하지 않겠습니다. 애써서 브랜딩을 해나가고 있는데 정작 수익화가 제휴 마케팅뿐이라면 오히려 손해가 될 수 있습니다.

'나만의 상품'은 경험 혹은 지식 등을 글로 엮어 출판을 하거나 강의를 기획해보는 것을 권합니다. 전자책도 괜찮습니다. 만약 자신이 없다면 강사를 모집하여 강의를 기획해보는 것도 좋습니다. 이 역시 제휴의 일종이지만 브랜딩을 해치지 않는 선에서 이루어지는 방식이기에 나쁘지 않습니다. 예를 들어 베이킹 관련 퍼스널 브랜딩을 하고 있는데 주도적으로 상품화할 만한 것이 없다면 베이킹 관련 강사를 초빙하거나 협업을 제안하는 것이죠. 내 이웃(팔로워, 구독자)이 당신의 강의에 관심이 있을 것 같은데, 같이 해볼 생각이 없느냐고 말입니다. 성사된다면 일정 비율로 수익을 배분하면 됩니다.

Q. 소통하는 사람도 늘고 글도 어느 정도 써서 올릴 자신이 있는데 돈은 벌지 못하겠어요.

A. 사람을 모으는 능력이 있는데 수익으로 연결하지 못하는 거군요. 뭐, 애드센스나 애드포스트를 다는 방법도 있지만 그 정도의 답을 얻기 위해 질문한 건 아닐 거고요.

소통하는 사람이 늘고 있는데 수익화가 되지 않는다면 내가 제공하는 정보에 가치를 부여하지 않는다는 증거입니다. 돈을 받는다는 행위에 죄책감을 느끼거나 '더 준비가 필요해'라는 생각이 지속되는 것일지도요.

괜찮습니다. 빌드업의 시기를 겪는 것일 뿐이니까요.

다만 어느 정도 퀄리티있는 콘텐츠를 제공하면서도 수익화에 머뭇거리고 있다면 구독자/팔로워/이웃에게 질문을 받거나 설문을 받아보기를 권합니다.

내 글을 좋아하는 이들에게 구체적으로 어떤 콘텐츠가 필요한지 일러달라고 하는 겁니다. 질문이 하나둘 쌓일 겁니다. 문제가 생겼을 때 바로 답변해줄 수 있는지 아니면 대행해줄 수 있는지에 대한 문의가 있을 수도 있지요.

그때 자신감이 생깁니다. 먼저 '이것 팝니다' 하며 접근하는 것이 아니라 요청에 따라 서비스를 기획한 것이기 때문입니다. 내가 그들에게 들이미는 것이 아니라 필요한 사람의 부탁을 들어준 것이니까요. 이 방법을 사용한다면 심리적인 진입장벽이 많이 낮아집니다.

어느 정도 실력은 있는데 수익화하기 어렵다면 도전해보기 바랍니다.

Q. 저는 퍼스널 브랜딩을 통해 돈을 벌고 싶습니다. 수익화에 최적화된 퍼스널 브랜딩 포지션은 무엇인가요?

A. 수익화라는 것은 크게 두 가지로 나눕니다. 하나는 '광

고주들이 좋아하는 포지션', 다른 하나는 '내 콘텐츠를 판매하기 좋은 포지션'입니다. 저는 장기적으로 보았을 때 전자보다 후자가 압도적으로 유리하다고 생각합니다. 이 책에서는 주로 후자를 다루었으니 이 질문은 전자를 기준으로 답해보겠습니다.

'광고주들이 좋아하는 포지션'을 추구하고자 한다면 우선 광고주들이 좋아하는 요소를 충족해야 합니다. 더 나아가 광고주뿐 아니라 구독자/팔로워/이웃 등의 관심도 놓치면 안 됩니다. 그런데 평범한 1인 인플루언서의 경우에는 이게 쉽지 않아요. 1인 방송을 하는 분들도 광고를 '숙제'라고 부를 만큼 부담스러워 합니다. 이를 보는 이들도 '광고네'라는 시큰둥한 반응을 보이지요. 그렇기에 양측 모두에게서부터 인정받을 수 있는 콘셉트를 취해야 합니다.

예를 하나 들어볼게요. 제가 아는 인스타그램 계정 하나는 에어비엔비 숙소만을 다룹니다. 이 계정을 팔로우하는 이들의 목적은 전국 각지의 멋진 에어비엔비 숙소 정보를 받아보는 것이에요. 그리고 이 계정에 올라오는 모든 포스팅은 광고입니다. 네, 모든 포스팅이요. 에어비엔비 숙소를 운영하는 이들이 이 계정에 연락합니다. 비용을 지불할 테니 숙소를 소개해달라고요. 그리고 홍보용 사진과 문구도 넘겨줍니다. 계정을 운영하는 이의 입장에서는 정말 편하지요. 사진과 문구를 받아서 계정의 콘셉트에 맞추어 수정한 뒤에 업로드 하면 되니까요.

팔로워를 속이는 것이 아닙니다. 이 계정의 팔로우들은 처음부터 '아, 이 계정은 에어비엔비 호스트들이 자신의 숙소를 자랑하며 광고하는 곳이구나'라는 인지를 하고 팔로우를 했기 때문입니다. 즉 광고나 협찬을 숨기지 않고 콘셉트 기획 단계에서부터 이를 기준으로 했기에 이러한 수익화 모델이 가능했습니다. 수익화를 염두에 둔 계정이라면 이처럼 기획 단계에서 제대로 된 콘셉트 세팅이 필요합니다.

Q. 페이드 마케팅(Paid Marketing, 비용이 발생하는 마케팅)이 효과가 없어요. 어떻게 하죠?

A. 작은 규모의 사업일수록 페이드 마케팅에 대한 잘못된 믿음이 많습니다. 페이스북, 인스타그램 광고, 네이버 검색광고 등에 투자하면 수익이 날 것이라는 착각인데 절대 그렇지 않습니다. 우선 자신부터 돌아보자고

요. 오늘만 해도 수없이 많은 광고를 보았을 겁니다. 그 중 몇 개나 상품을 구매했나요?

테스트 수준의 적은 광고비용이라면 상관없지만 적극적인 광고는 확신이 있을 때 시작해야 합니다. 유입 대비 전환 등의 수치를 근거로 광고비 대비 흑자가 날 것이라는 확신이 든다면 적극적인 투자를 하는 것이 옳습니다. 하지만 대부분 반대로 합니다. 일단 광고를 돌립니다. 지금의 상황이 막막해서 그렇겠지만 효과를 볼 가능성이 정말 낮습니다.

광고는 마법처럼 사람들의 행동을 강제하는 것이 아닙니다. 확성기라고 생각하면 됩니다. 소리가 나지 않는 상태라면 아무리 확성기를 가까이 갖다 대어도 소리가 울리지 않습니다. 광고는 어느 정도 소리가 날 때 사용하는 것을 추천합니다.

만약 당신이 제공하는 상품/서비스에 재구매가 일어나고 있다면 인플루언서나 규모 있는 블로그 또는 페이스북 페이지 등을 운영하는 이들에게 연락해보기를 권합니다. (그들은 이미 수많은 러브콜을 받고 있을 테니) 어중간한 협업 제안서는 거절당할 가능성이 큽니다.

이때 '첫 마진을 포기하는 전략'도 고려해보세요. 첫 판매 시 모든 마진을 주고 당신은 재구매로 인한 마진을 취하는 것입니다. 이는 협업을 제안받은 당사자들이 수락할 가능성이 큽니다. 비즈니스 시작 단계라면 광고보다는 이런 방식이 상품/서비스를 알리는 데 효과적일 것입니다.

Q. 들이는 노력 대비 수익이 저조한 것 같아요.

A. 온라인에서는 항상 '남기는 것'에 초점을 맞추어야 합니다. 여기서 말한 '남기는 것'은 내 흔적과 기록이 온라인상에서 지속적으로 나라는 사람을 알리게 되는 구조를 의미합니다.

오프라인에서의 노동은 흔적이 남지는 않아도 대가는 확실하게 주어집니다. 그런데 온라인은 정반대입니다. 하루에 3시간씩 한 달을 투자해도 눈에 보이는 성과가 나타나지 않는 경우가 많아요. 애드센스 잔고 1~2만 원이 전부인 경우도 허다하고요. '이건 역시 안 되는 거야'라는 생각이 들 때도 많습니다.

이를 피하려면 무조건 '남기는 개념'에 집중해야 합니다. 온라인상에 남긴 나의 씨앗들이 꾸준하게 일을 하게 만드는 것입니다. 그래서 서사가 쌓인 나만의 콘텐츠가 있어야 합니다. 간단한 전자책, 강의도 좋고요. 내가 만든 실물 상품이어도 좋아요. 그때까지는 꾸준히 할 수밖에 없습니다.

이 기간을 버티는 것이 쉽지 않은데요. 간단한 팁을 드리자면 다음과 같습니다.

예를 들어 코딩을 공부하는 이가 있다면 매일같이 본인의 일지를 업로드합니다. 매일의 공부를 글로 정리해서 올린다는 것은 쉬운 일이 아닙니다.

막상 오늘 배운 것들을 설명하는 글을 쓰다 보면 난관에 부딪히는 경우가 많거든요. 하지만 시간이 지날수록 나도 모르게 배운 것들에 대한 이해도가 높아지며 표현도 유려해집니다. 이런 방식을 택한다면 '아무도 나를 거들떠보지 않는 시기'를 버틸 수 있습니다. '2시간 걸린 내 포스팅을 왜 아무도 읽지 않는 거야?'라고 반응에만 집중한다면 지쳐 나가떨어지게 되지요.

이런 노력이 하나둘 쌓이다 보면 나라는 사람을 알리는 씨앗이 됩니다. 그러므로 내 콘텐츠가 나름의 서사를 쌓아가면서 수익을 남기는 일을 하게 될 때까지 꾸준히 온라인에 흔적을 남기세요.

> **Q.** 본업은 따로 두고 퍼스널 브랜딩을 해서 부수입을 올리
> 고 싶어요.

A. 퍼스널 브랜딩을 부업으로 시작하는 경우, 당연히 전
업으로 도전하는 이들보다 관리가 안 될 가능성이 큽니
다. 문의가 들어왔을 때 실시간으로 답을 할 수도 없고
본업 후 진이 빠진 상태에서 콘텐츠를 제작할 테니 완
성도도 낮을 수 있습니다. 피곤한 상태에서는 '이 정도
면 되겠다' 싶은 지점에 '발행하기'를 누르는 것이 일
반적이니까요.

물론 장점도 있습니다. 우선 고정적인 수입원이 있기에
조급하지 않습니다. 수익으로 바로 이어지지 않아도 차
분하고 객관적으로 바라볼 수 있습니다.

하지만 마음이 앞서 완벽하게 준비되지 않은 상태에서
수익화를 실현하려다가 무너질 확률 또한 높으므로 부
업으로 시작하는 이에게는 두 가지 체크리스트를 강조

하고자 합니다.

첫째, 내가 작성하는 글의 퀄리티 유지하기

앞서 언급한 것처럼 퇴근 이후에 글을 작성한다는 것은 보통 일이 아닙니다. 그렇기에 1일1포스팅과 같은 목표보다는 2~3일에 하나라도 좋으니 최소한의 퀄리티를 유지한다는 마음가짐으로 시작해야 합니다. 작성하는 글의 수준이 유지되지 않는다면 세상에 수없이 많이 존재하는 그저 그런 평범한 글이 되어버립니다.

둘째, 주말 원데이 클래스 등 강의 론칭 고려하기

주문이 들어왔을 때 무언가를 택배로 부쳐준다거나 하는 방식으로는 수익화가 힘들 것입니다. 실시간으로 소통이 필요한 방식도 마찬가지입니다. 그러므로 주말 원데이 클래스를 고려해보길 바랍니다.

장소가 마땅치 않다면 공간을 대여해주는 서비스를 이용하거나 줌(Zoom)을 통한 방식도 가능하지요. 다만 상황이 허락한다면 줌과 같은 온라인 방식보다는 오프라인 방식을 추천합니다. 온라인 강의는 집중도가 떨어질 수밖에 없고 소통의 질 또한 상대적으로 낮으니까요.

Q. 저는 지식 자판기형 콘텐츠로 퍼스널 브랜딩하고 싶습니다. 제휴 마케팅 말고 저만의 무언가를 상품화하려면 어떻게 해야 할까요?

A. 지식 자판기형 콘텐츠는 깊이가 부족하다는 단점이 있습니다. 이미 봐왔던 수많은 글과 큰 차별점이 없기 때문입니다. 그렇기에 이를 상품화하려면 소장 욕구를 건드릴 필요가 있습니다. 중요한 포인트인데요, 지금 당장 쓸데는 없지만 가지고 있으면 언젠가는 쓸모가 있겠다 싶은 상품을 기획해보는 것입니다. '실생활에서 바로 찾아 써먹는 1001가지 법률 사례' 같은 거요. 지금 당장 문제를 겪고 있는 건 아니지만 알아두면 쓸모가 있을 것 같아서 구입하는 사람이 많습니다. 즉 한 분야에서 수많은 사례나 자료가 모인 백과사전 같은 느낌을 준다면 갖고 싶은 욕구를 만들어낼 수 있습니다.

지식 콘텐츠가 아니라 물건일 수도 있습니다. 이 경우에는 디자인을 통해 소유욕을 자극해야 하는데요. 디자인은 취향을 타는 분야이다 보니, 타깃이 누구냐에 따라 많이 달라지긴 합니다. 만약 아직 구체적인 타깃이 정해지지 않았다면 '나와 비슷한 사람'을 목표로 해보세요. 세상에는 나와 비슷한 취향의 사람들도 꽤 있거든요.

그러려면 좋아하는 디자인을 모아가는 과정이 필요합니다. 저는 핀터레스트(pinterest.com)를 애용합니다. 디자인을 하나씩 수집해가며 끌림 포인트가 어디인지를 파악해나가기 좋은 사이트입니다.

Q. 브랜드 공식 계정이 좋을지, 개인 계정이 좋을지 고민입니다.

A. 이를 고민하는 사람들이 참 많습니다. 브런치 카페를 운영하는데 카페 공식 계정으로 운영할지, 개인 계정으로 운영할지…. 저는 후자를 추천합니다. 전자는 쉽게 행동을 유도해낼 수 없습니다. 전달하는 메시지도 딱딱할 수밖에 없고요. 다만 주기적으로 공지해야 할 것이 있다면 공식 계정을 함께 운영하거나 개인 계정에서 공식 카테고리를 따로 만들어두는 방식을 추천합니다. 이는 '나'와 '브랜드'의 거리감을 결정하는 것이기도 합니다. 나와 브랜드의 거리가 0에 가까워질수록 개인 계정, 거리가 멀어질수록 브랜드 계정을 선택하면 됩니다. 하지만 퍼스널 브랜딩에 중점을 두는 것이라면 카페를

브랜딩하는 것이 아니라 나라는 사람을 브랜딩하고 카페는 반사적으로 관심을 받는 것이 바람직합니다. 시간이 지나 브랜드를 독립시키는 경우도 많습니다만 처음에는 이 순서로 진행하세요. 여러모로 자리를 잡는 데 유용합니다.

실제로 공식 브랜드 계정은 팬층이 쉽게 모이지 않습니다. 그래서 잘 운영되는 브랜드 계정을 보면 특정 캐릭터를 만들어 팬들과 소통하는 모습을 볼 수 있습니다.

Q. 나를 좋아하는 사람, 즉 팬을 만드는 방법은 무엇일까요?

A. 가장 확실한 방법은 '다르다'라는 느낌을 주는 것입니다. 개성이 빛을 발하는 시대잖아요. 다들 수박 겉핥기 식으로 이야기할 때 디테일을 이야기하는 사람에게 끌립니다. '이거다' 싶은 거죠.

그렇기에 이 책에서 강조한 입체적인 글을 작성할 필요가 있습니다. 단순한 지식의 전달이 아니라 일상에 나의 시각을 녹여 그들이 미처 생각하지 못했던 것을 떠올리게 만들어주는 것이죠. 앞선 예시 중 식당에 간 일러스트레이터의 포스팅을 다시 한번 봅시다.

내가 먼저 주문했는데, 옆자리 메뉴가 먼저 나왔다. 이해는 된다. 내 메뉴는 조리 시간이 긴 것이었고, 옆 사람은 간단한 메뉴였으니…. 그런데 썩 유쾌하지는 않았다.

갑자기 얼마 전 일이 생각난다. 지금과 비슷한 상황. 웹 소설의 표지 의뢰가 들어왔고 몇 시간 뒤 간단한 로고 제작 문의가 들어왔다. 로고 제작은 가안을 잡아서 보내왔길래 빠르게 작업을 마칠 수 있을 것 같아 그 작업부터 했다. 그리고 별생각 없이 인스타그램에 올렸는데, 웹 소설 표지를 의뢰한 분의 불평 섞인 메시지가 날아왔다.

분명히 내 앞에 밀린 의뢰가 하나도 없다고 했는데, 왜 다른 것이 먼저 처리가 되었느냐는 내용. 답을 하면서도 억울했다. 기일 내에만 완성하면 되는 것이 아닌가. 죄송하다는 메시지는 보냈지만 마음 한편으로는 화가 났다. 그런데 지금 옆자리 메뉴가 먼저 나온 것을 보니 의뢰자의 마음을 알 것 같기도 하다. 역시 사람은 그 상황에 처해봐야 해. 파스타 집에 와서 반성하고 간다.

당신을 하나의 '스토리'로 기억나게 만들어야 합니다. 일러스트 관련 용어의 사전적인 정의나 검색하면 나오는 그런 평범한 정보를 짜깁기해서 소개하는 글은 적당하지 않아요.

스토리는 누군가에게 당신을 떠올리게 하는 트리거가 되어줍니다. 위의 글을 읽은 누군가는 식당 등에서 비슷한 일을 겪을 때 당신의 이야기를 떠올릴 가능성이 있지요. 스며듭니다. 조금씩 더, 당신의 글이 그들의 기억 속에 말입니다.

Q. 글로벌한 비즈니스를 해보고 싶습니다. 대단한 수준이 아니어도 상관없어요. 다만 한국에만 국한하고 싶지 않아요.

A. 외국인과 쉽게 교류가 일어날 수 있는 플랫폼을 선택해야 해요. 영어를 잘하지 못해도 파파고나 구글 번역기를 이용해서 어느 정도는 의사소통이 가능하니까요. 그렇다면 유튜브가 가장 적합하겠네요. 해외에서도 수요가 있을 것 같은 콘텐츠라면 영상을 제작한 뒤에 영어 자막을 함께 넣습니다. 그리고 제목과 태그에도 영어 키워드를 넣어두고요. 영상이 적합하지 않다면 인스타그램도 좋습니다. 네이버 블로그는 적합하지 않아요. 외국인들이 거의 없습니다.

수준 이상의 전문성이 필요한 콘텐츠라면 번역 프리랜서를 고용하는 것이 좋습니다. 크몽 등에서 번역가를 어렵지 않게 찾을 수 있습니다. 전문적인 번역이 필요 없다면 '파파고+그래머리(Grammarly, 무료 영어 문법 검사 애플리케이션)' 혹은 '구글번역기+그래머리' 조합을 추천합니다.

어느 정도 콘텐츠가 준비되었다면 그 다음은 직접 품을 들여서 소통해보세요. 우선 타깃으로 하는 외국인이 유튜브에서 검색할 만한 것들을 떠올려봅니다. 대부분 이 단계에서 키워드 관련 툴*을 사용하는데요. 우선은 떠올리는 연습을 하는 것이 먼저입니다. 떠올리는 능력과 생각하는 능력. 이 둘은 무조건 키워야 하거든요.

만약 디자인한 것을 판매하고 있다면 글로벌을 대상으로 하는 것이 그리 어렵지 않을 거예요. 가장 대표적인 예는 아이패드 앱 굿노트용 속지입니다. 플래너나 다이어리는 한국인을 상대로 하는 콘텐츠라 할지라도 영문으로 내용이 되어있는 경우가 많습니다. Daily Plan, Weekly, Monthly, To do list 등이 영어로 되어있어

● 키워드의 검색량, 검색 추이, 연령대, 성별 등을 보여줍니다. '네이버 키워드 도구' 등이 이에 해당해요.

해외에 판매해볼 수 있어요. 이외에 해외를 대상으로 한다면 인스타그램과 핀터레스트를 활용해보는 것도 추천합니다.

Q. 해외를 타깃팅하는 제휴 마케팅을 해보고 싶습니다.

A. 두 가지 능력이 필요합니다. 하나는 번역을 위한 한글 텍스트 작성법. 두 번째는 '약간 미흡해도 감안하고 읽는' 분야를 찾는 것.

다들 이런 경험이 있을 것 같아요. 한글로 쓰여 있는데 내용이 조금 어색한 것들이요. 알고 보니 해외 사이트를 한글로 번역해서 보여준 것이지요. 그래도 내용이 괜찮으면 읽게 되지요.

약간 미흡해 보여도 해볼 만한 분야를 찾아낸다면 영작을 위한 완벽한 영어 실력은 필요없습니다. 한글로 원고를 쓰고, 파파고나 구글 번역기를 돌린 다음, 그래머리 등으로 한번 쓱 만지고 나서 업로드하면 됩니다. 대략적인 내용만 파악할 수 있으면 됩니다. 세세한 표현까지 완벽할 필요는 없어요. 주의할 점은 한글 텍스트가 영어로 번역되기 쉽고 명확하게 작성되어 있어야 한다는 점입니다.

글로벌 비즈니스의 경험해볼 만한 분야를 찾았다면 그다음은 내 비즈니스의 목표가 영문 블로그를 통한 애드센스인지 아니면 글로벌 제휴 마케팅이 목표인지를 확인해보세요. 만약 글로벌 제휴 마케팅이 목표라면 개인 사이트를 운영하는 방향으로 잡아보세요. 웹사이트 제작 툴인 윅스(wix.com)나 아임웹(imweb.me) 등을 이용하며 어렵지 않게 사이트 구축을 해볼 수 있습니다.

Q. 1인 기업의 장점은 무엇일까요?

A. 네이밍, 콘셉트, 색감이나 폰트 등의 디자인 요소. 여러 가지 톤과 매너를 취향대로 할 수 있다는 점이 1인 기업의 장점이라고 할 수 있습니다. 지금 당장은 아니더라도 언젠가는 펍이나 카페 등을 운영하고 싶은 사람들이 많지요. 누군가의 허락을 받지 않고 마음 가는 대로 만들 수 있는 자유로움을 추구하는 겁니다.

조직에 있다 보면 간단한 네이밍도 하루 이상 걸리고 중요한 사안은 사나흘씩 회의가 이어지기도 하잖아요. 빠르게 나아가는 것이 중요한데 장고 끝에 한 발 앞으로 내딛어도 되돌아와야 하는 일이 허다하고, 단계마다 딜레이가 생깁니다.

물론 자유로움을 추구할 수 있으려면, '내 마음대로 했는데도 세상의 인정을 받는 상황'이 따라와야겠죠. 그렇잖아요. 아무도 나에게 눈길을 주지 않는다면 직업이 아니라 취미생활에 가까울 거예요. 자유로움이 오히려 독이 될 수도 있다는 것 또한 알아두면 좋겠습니다. 실제로 퍼스널 브랜딩을 하는 이들 중에는 1인 기업으로의 독립보다는 직장생활을 하면서 부업으로 커리어를 쌓아가라는 사람들이 많습니다. 안정감과 자유로움을 모두 챙기는 것이지요. 정답은 없지만 자유로움에 조금 더 끌리는 성향이라면 1인 기업이 맞을 것입니다.

> **Q.** 필력을 기르는 게 먼저일까요? 나만의 플랫폼을 키우는 것이 먼저일까요?

A. 글에 깊이감과 흡입력이 굉장한 사람들이 있어요. '수만휘'라는 카페를 예로 들어볼게요. 다들 알겠지만, 국내 최대 규모의 수험생 커뮤니티입니다. 와글와글 바글바글, 초 단위로 글이 올라옵니다. 이런 대형 커뮤니티

에 일주일에 한두 개 정도 꾸준히 글을 쓰는 회원이 있는데, 글을 올리면 상당한 수준의 반응이 일어납니다. 이러한 필력을 지닌 이들은 플랫폼으로부터 자유롭습니다. 사람들이 많이 모인 곳에서 이야기하면 다들 귀를 기울이니까요. 잘 모르는 분야라도 어느 정도 시간만 주어지면 기존 분야에서만큼 퍼포먼스를 만들어낼 수 있습니다. 번역해서 해외를 대상으로 해도 되지요. 이는 아무나 할 수 있는 일이 아닙니다. 제가 주로 다루는 내용과 정반대이기도 합니다.

여기서 '필력'이란 전문적인 단어 선택이나 유려한 문장을 말하는 것이 아닙니다. 타인을 '생각하게 만드는' 인사이트에 대한 이야기입니다. 필력 향상을 추구한다면 이를 목표로 해보는 것이 좋습니다.

반대로 나만의 플랫폼을 성장시키는 데 초점을 맞추고 싶다면 다양한 협업을 시도해보세요. 아주 작은 협업이라도 좋으니 최대한 많은 이들과 본인의 교집합을 늘려가세요. 다양한 곳에서 언급되도록 하여 나의 흔적이 복사되게 하세요.

부록
플랫폼별 전략

'어떤 플랫폼에서 퍼스널 브랜딩을 진행할 것인가'를 이야기해보고자 합니다. 오프라인에서라면 개개의 상황에 맞게 맞춤형으로 이야기할 수 있겠지만 책을 통한 정보 전달이니 조금은 광범위한 이야기가 될 것 같습니다.

사실 플랫폼 자체는 그렇게 중요하지 않습니다. 어떤 플랫폼을 선택하더라도 본질에 초점을 맞추면 됩니다. 다만 플랫폼에 대한 이야기를 건너뛸 수는 없으니 각 플랫폼의 특성에 초점을 맞추어 하나씩 살펴보겠습니다.

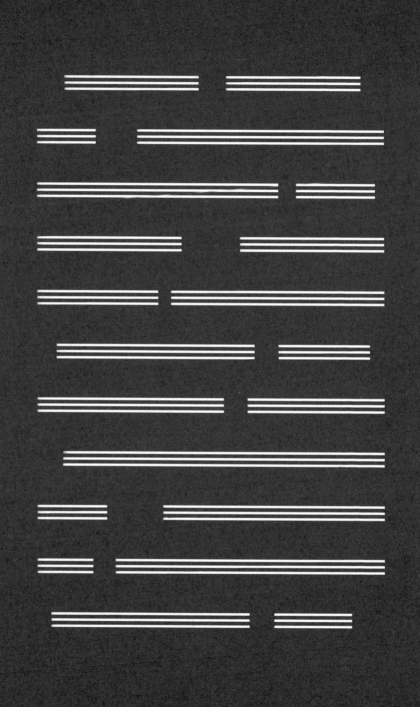

네이버 블로그

퍼스널 브랜딩을 위한 최적의 장소입니다. 검색 점유율이 갈수록 낮아지고 있지만 여전히 1위입니다. 그리고 접근성이 매우 좋습니다. '이웃'이라는 기능을 통해 계속해서 내 글을 이웃에게 노출할 수 있습니다. 검색이 잘 걸리지 않는 초반에 이 기능은 매우 유용합니다. 검색을 통한 노출이 없더라도 내 글을 읽는 사람이 늘어나니까요.

알림 기능도 있습니다. 내가 구독하는 블로그 또는 나를 구독하는 블로그에 글이 올라오면 팝업 알림이 뜨고 내가 댓글을 달고 해당 블로거가 답글을 달아주어도 알림이 뜨지요. 여러모로 편리합니다. 반면 단점도 많습니다.

첫째, 스팸이 범람하고 있습니다. 검색 결과 대부분이 광고인 경우도 허다합니다. 매크로 프로그램을 이용한 댓글도 넘칩니다. '잘 보고 갑니다. 제 블로그에도 들려주실 거죠?' 이런 문구와 함께 마구잡이로 댓글을 남기고 다닙니다. 이를 내 글에 관심이 있는 것으로 잘못 이해하고 서로이웃을 맺거나 방문해서 정성껏 댓글을 다는 사람도 있습니다. 정작 그들은 내 블로그에 1초 정도 머물렀는데 말입니다.

네이버에서는 이웃이 1초 방문하고 나가는 블로그를 저품질이라고 평가합니다. 매크로 스팸용으로 운영되는 블로그와 서로이웃이라면 불이익을 받을 수도 있습니다(네이버 블로그 개발자가 아니므로 정확하게 알 순 없지만, 충분히 일어날 법한 일입니다).

이를 완벽하게 구분해내는 방법은 없습니다. 하지만 어느 정도 도움이 될 만한 것이 바로 '댓글의 범용성'인데요. 어떠한 포스팅에도 달릴 만한 댓글이라면 프로그램성 스팸 댓글일 가능성이 높습니다. '날씨가 좋네요. 포스팅 잘 보고 갑니다', '한 주의 시작이네요. 멋진 글 잘 봤습니다'와 같은 댓글을 말합니다.

둘째, 갈수록 떨어지는 점유율입니다. 구글과 유튜브 검색에 비해 신뢰도가 떨어지고 광고 노출이 꽤 많습니다. 이는 네이버 블로그에 입문하려는 이들에게 상당한 고민거리이지요. '가라앉는 배에 탑승하는 것이 맞는가?'라는 의문이 지워지지 않는데요. 장단점이 확실한 플랫폼이지만 퍼스널 브랜딩을 목표로 한다면 필수라고 생각합니다. 시간적 여유가 된다면 네이버 블로그와 다른 플랫폼을 동시에 운영하는 것이 가장 좋습니다.

정리하자면 네이버 블로그는 몇몇 단점이 보이지만 사용
이 어렵지 않고 비용 없이 바로 시작할 수 있으면서 적당한
트래픽을 만들어낼 수 있으므로 퍼스널 브랜딩을 염두에 둔
다면 꼭 필요한 플랫폼이라고 하겠습니다.

　폭발적인 성장이 가능한 플랫폼이며 팬 충성도도 높습니다. 하지만 그만큼 쉽지 않습니다. 기획, 촬영, 편집까지 영상에 대한 센스가 있지 않으면 저는 추천하지 않습니다.

　유튜브는 '누구나 할 수 있는' 플랫폼으로 인기 있지만 사실 누구나 '잘' 할 수는 없습니다. 고려해야 할 것이 생각보다 정말 많습니다. 휴대폰이나 저렴한 카메라로 촬영을 시작할 수는 있지만 촬영 구도에서부터 보정, 조명, 마이크, 사운드 녹음까지 배워야 할 것이 점점 늘어납니다. 그럼에도 불구하고 유튜브를 추천하는 예가 세 가지 있습니다. 이 셋 중하나에 해당한다면 유튜브를 권합니다.

첫째, 영어 콘텐츠를 만드는 경우 적극 추천합니다

　일단 시장 규모가 엄청나게 차이가 납니다. 또 해외 구독자를 대상으로 하는 콘텐츠는 국내를 대상으로 하는 만큼의 영상 퀄리티가 나오지 않아도 괜찮습니다. 사실 국내 유튜브 콘텐츠의 품질은 그야말로 세계 최고 수준입니다

(많이들 인지하지 못한 듯하지만), 해외 유튜버의 영상을 조금만 찾아봐도 흔들리는 카메라, 기본 마이크에 조명 없이, 자막 없이 업로드한 것을 볼 수 있습니다. 그런데도 인기가 많지요. 그런데 국내 사정은 어떤가요? 중고등학생, 심지어 초등학생의 브이로그도 깔끔하게 편집된 경우가 대다수입니다. 자막과 장면 효과까지 멋들어집니다.

둘째, 신선한 기획인 경우입니다

1분 이내 쇼트(Short) 콘텐츠의 콘셉트가 확실하게 구현되어있다면 유튜브가 적합합니다. 그렇지 않다면 '이미 수없이 많이 존재하는 비슷비슷한 콘텐츠 중 하나'로 기록되겠지요.

나만의 차별화된 콘텐츠가 준비되어있다면 시도해보세요. 촬영이니, 편집이니, 마이크니, 사운드 녹음이니 여러 가지로 겁을 주었지만, 어느 정도 기획이 잡혀있다면 이는 빠르게 해결할 수 있는 요소이기도 합니다.

다만, 처음에는 장비에 큰 투자는 하지 마세요. 영상 편집 프로그램 1년 정기 결제에 마이크, 카메라, 몇몇 효과 템플릿까지 쇼핑을 마치면 상당한 금액이 듭니다. 처음에는 휴대폰으로 촬영하고 마이크도 2~3만 원대 저렴한 것을 이용하세요. 편집 또한 무료 툴을 사용해도 원하는 대부분의 기능을 구현할 수 있습니다. 이러저러하게 해보다가 반응이 오면 조금씩 투자를 늘려도 늦지 않습니다.

셋째, 다른 플랫폼에서 어느 정도 자리 잡은 경우입니다

여러 플랫폼에서 트래픽을 모을 수 있다면 서서히 유튜브 준비를 권합니다. 글이나 이미지로 브랜딩을 하고 있다면 영상이 더해져 시너지가 날 것입니다. 이 경우 콘텐츠 제작에 대한 스트레스도 덜합니다. 예전에 작성했던 글 하나를 가져와서 영상화할 수도 있지요. 예를 들어 피부 관리사인데 블로그에 기억에 남는 손님에 대해 적은 글이 있다면 당시의 심정, 내가 대처한 방법, 이 경험을 통해 배운 것 등을 다시 읽어봅니다. 그리고 촬영을 시작해요. 경험을 글로 옮겼던 것처럼 이번에는 이야기하듯 풀어내면 됩니다. 벌써 영상 하나가 뚝딱 나왔네요.

더 나아가 블로그라면 이웃, 인스타그램이라면 팔로워 등 타 플랫폼에서 어느 정도의 교류가 있었다면 초반에 응원 와줍니다. '좋아요'도 눌러주고 '구독'도 해주고요. 이러한 소소한 응원이 유튜브를 계속해나가는 데 큰 힘이 됩니다. 이밖에 '어떤 콘텐츠를 기획해야 할까?'라는 질문에 대한 답을 얻기에 용이합니다. 이웃이나 팔로워들이 궁금해했던 내용이나 반응이 좋았던 콘텐츠를 바탕으로 유튜브를 시작하면 되니까요.

참, 유튜브에 대한 오해가 하나 있는데요. 유튜브를 하는 목적이 조회 수를 통한 수익, 즉 영상 초반 그리고 중간에 노출되는 광고를 통한 수입이라면 진이 빠질 수 있습니다. 조회 수당 1~2원 정도의 수익이라면, 영상을 촬영하고 편집하는 데 들이는 시간과 비용이 훨씬 클 가능성이 높습니다.

우리가 보는 '추천 영상'의 조회 수는 대부분 몇 십만 회, 몇 백만 회가 기본이잖아요. 그래서 큰 숫자에 익숙한 것이지 절대다수의 유튜브 영상 조회 수는 매우 낮습니다. 조회 수로 얻는 수입은 부가적인 것으로 보고 퍼스널 브랜딩을 통해 비즈니스를 알리거나 상품이나 서비스에 궁금증을 갖는 이들과 소통하는 창구로 활용하는 것이 오래 계속할 수 있는 비결이 아닐까 합니다.

유튜브는 최소 몇 만 이상의 조회 수가 보장되는 영상을 하루에 1~2개씩 만들어낼 수 있는 것이 아니라면 채널 개설에서부터 기획을 확실하게 잡아야 합니다. 여기서 말하는 '기획'이란 광고주들이 좋아할 만한 포지션을 의미합니다. 가령 잘 알려지지는 않았지만 성능이 좋은 무언가를 리뷰하는 콘텐츠라면 기업 입장에서는 돈을 들여서라도 제품을 넣어보고 싶겠지요?

어느 정도 영상이 쌓인 후에는 역으로 기업에 제안을 넣어보는 것도 좋습니다. 경우에 따라서는 먼저 연락이 올 수도 있습니다. 실제 협업 콘텐츠를 목적으로 만든 유튜브 채널이라면 구독자도 이미 알고 구독한 것이기에 반응이 나쁘지 않습니다. 브랜디드 콘텐츠•를 광고로만 보는 시각은 점점 옅어지고 있습니다. 어떻게 풀어내느냐가 중요합니다.

● 브랜디드 콘텐츠 : 협업 콘텐츠를 의미합니다. PPL처럼 특정 제품을 노출시키는 방식이라기보다 영상의 기획 단계에서부터 기업과 크리에이터가 함께 머리를 맞대는 광고 콘텐츠를 말합니다.

인스타그램

네이버나 구글에서 검색이 잘 되지 않는다는 단점이 있지만 인스타그램 자체에 해시태그를 이용한 검색 기능이 있어 편리합니다. 블로그만큼 긴 글을 쓰지 않아도 되고 유튜브처럼 영상만을 다루지 않아도 됩니다. 하지만 그만큼 콘텐츠(글 또는 이미지) 제작 외에 신경 써야 할 것들이 있습니다. 콘텐츠 제작 자체는 간단해도 부수적인 요소까지 고려한다면 사실 타 플랫폼과 큰 차이는 없지요. 사진과 같은 시각적인 디자인 센스가 있는 사람은 빠르게 포지션을 잡아갑니다.

인스타그램은 타 플랫폼처럼 자연스럽게 유입되는 트래픽이 없다 보니 개설 이후에는 내가 먼저 손을 내민다는 자세로 시작하는 것이 바람직합니다. 그러기 위해선 비슷한 관심사를 가진 이들과 꾸준한 소통이 이루어져야 하는데요. 실제로 초반에는 선팔 또는 맞팔 개념으로 소통을 해나가고, 타인의 계정에 댓글로 말을 건네는 것이 정석입니다. 다만 보여주기식 소통은 남는 것이 없습니다. 사람들은 압니다.

보여주기식 계정은 좋아요 또는 팔로워가 많아도 가치가 없다는 것을요. 보여주기식 소통보다 나와 시각이 비슷한 이들과 내 피드에 흥미를 보일 만한 이들에게 진심으로 관심을 보여줄 필요가 있습니다.

인스타그램에서 일반적으로 사용되는 소통 방식은 앞서 말했듯 '팔로우'와 '댓글'입니다. 조금 더 구체적으로 설명을 해보자면 우선 잠재적인 타깃 고객을 설정합니다. '식물을 키우는 30대 여성'이라거나 '여행을 좋아하는 20대'라거나요. 이후에 그들을 찾아 나섭니다. 취미와 관련된 해시태그를 검색해 그들의 프로필에 방문하여 댓글을 남기는 것이지요.

인스타그램에 꾸준한 업로드(최소 주1회 이상)를 하는 인스타그래머라면 팔로우를 하는 것도 좋습니다. 꾸준한 업로드를 하는 이들은 본인과 관심사가 비슷한 이들과 팔로우하고 있을 가능성이 높습니다. 그러면 그의 주변인에게도 나를 노출할 수 있지요.

댓글은 '잘 보고 갑니다' 식의 내용이 아닌 호기심을 유발하면서 공통된 관심사에 대한 댓글을 남겨보세요. 수많은 댓글 중에도 스치듯 읽는 댓글이 있는 반면 스크롤을 멈추고 읽게 되는 댓글이 있습니다. 당연히 후자를 노려야 합니다.

앞서 언급한 '식물을 키우는 이들'을 타깃으로 소통을 원한다면, "저는 이러이러해서 ○○식물을 키우는데 관리가 생각보다 힘들어요."라고 이야기를 꺼내볼 수 있을 것입니다. '여행을 좋아하는 20대'가 타깃이라면 "이색적인 여행지를 좋아해서 많이 다녀봤는데 여기가 제일 좋았어요."와 같은 멘트로 소통을 시도해볼 수 있겠지요.

정리하자면 인스타그램은 '공통된 관심사, 그리고 그 관심사에 대한 나의 생각'이라고 기억하면 됩니다. 여기서 주의할 점은 '이 사람 뭐지?' 하는 나에게 호기심을 보이는 찰나의 순간을 캐치하는 것입니다.

이때 나의 인스타그램 피드는 일관성 있는 분위기가 세팅되어있어야 합니다. 내가 어떤 콘텐츠를 올리고 있는지 한눈에 보여야 하지요. 내 브랜드가 무엇을 추구하는지 명확한 문장으로 정리해서 프로필에 넣고 피드를 통해 동일한 메시지를 느낄 수 있으면 좋습니다. 정답은 없지만, 오답은 있다고 생각합니다. '뭐 하는 계정이지?'라는 의문이 떠오르는 중구난방 이미지라면 오답에 가깝지 않을까 해요.

인스타그램에서는 크게 두 가지 방법으로 '일관성'을 각인시킬 수 있습니다.

첫째, 일정한 주기의 업로드입니다

매주 특정 요일 또는 일정한 주기로 업로드가 이루어져야 꾸준하게 양질의 콘텐츠가 업로드된다는 분위기를 느낄 수 있습니다.

둘째, 피드의 일치감입니다

똑같지는 않아도 유사한 분위기에서 업로드가 이루어지는 것이 좋습니다. 특정한 톤을 정했다면 이를 계속해서 밀고 나가면 됩니다. 사진마다 특정 필터를 적용해서 분위기를 맞춘다거나, 사진 첫 장에 브랜드 로고를 넣는다거나요. 간단하지만 이미지를 각인시키기에 좋은 요소들입니다.

첨언해보자면 사진 촬영을 위해 고가의 장비는 필요하지 않습니다. 휴대폰으로 촬영해도 충분하고, 조금 더 욕심낸다면 '인스타그램 업로드용 사진', '사진 잘 찍는 법', '사진 보정 애플리케이션' 등으로 검색하면 나오는 노하우를 참고해보세요.

개인 웹사이트

웹사이트는 구글 검색을 노리는 경우가 대다수입니다. 워드프레스(wordpress.com)로 사이트를 제작하거나, 요즘은 아임웹이나 윅스 등으로 간단하게 사이트를 만들어낼 수 있습니다. 클릭 몇 번 하고 월 2만 원 정도 들이면 그럴듯한 홈페이지의 주인이 되는 것이지요. 쇼핑몰로 비유를 하자면 네이버 스마트 스토어를 운영하는 것이 아니라 나만의 몰, 즉 자사몰을 운영하는 것입니다.

네이버 블로그와 개인 웹사이트. 스마트 스토어와 자사몰. 이 둘의 비교는 여러 면에서 상당히 유사합니다. 검색에 있어서는 네이버 블로그와 스마트 스토어가 상대적으로 유리합니다. 네이버와 네이버 쇼핑 탭에서 검색하는 이들의 유입이 생겨나니까요.

검색에 있어 개인 웹사이트와 자사몰은 전혀 다릅니다. 개인 웹사이트의 경우 초기에는 검색에 걸릴 확률이 정말 낮아요. 방문자가 거의 없는, 하루에 몇십 명 정도가 아니라

0인 상황도 있습니다. 긴 시간을 두고 양질의 글을 작성해 나간다면 구글에서 조금씩 노출되는데 이 기간까지 버티는 것이 쉽지 않아요. 벽을 보고 글을 쓰는 느낌이거든요. 자사 몰은 자연 유입을 기대하지 않는 것이 마음 편합니다. 그러 므로 웹사이트나 자사몰은 인스타그램, 유튜브, 블로그 등을 운영하면서 그 트래픽을 웹사이트(또는 자사몰)로 유입시키 는 방법을 권합니다. 유료 광고를 돌리는 것도 방법이고요.

이제 막 입문하는 입장이라면 자사몰이나 개인 웹사이트 를 단독으로 운영하는 것은 추천하지 않습니다. 자사몰은 독 립적이며 확실한 브랜드 아이덴티티를 각인시킬 수 있지만 앞서 말했듯 트래픽을 모아오는 경로가 없다면 아무도 찾지 않습니다. 검색에 잘 노출되지 않으므로 사람들에게 인지되 는 것 또한 쉽지 않습니다. 그러니 블로그나 스마트 스토어 를 운영하면서 검색에 걸릴 만한 글이나 상품을 업로드하 고 내 자사몰로의 유입을 만들어내야 합니다. 인스타그램이 나 유튜브 등을 활용해서 자사몰로 트래픽을 모아오던가요.

물론 패션 등 브랜딩이 명확한 분야라면 시작부터 자사 몰을 운영하는 것이 유리할 수도 있습니다. 지그재○와 같 은 대형 플랫폼의 입점 조건이기도 하고요. 그럼에도 기본

SNS와 네이버 스마트 스토어 이외에 자사몰을 '추가'로 운영해야 합니다. 자사몰만 운영한다면 유의미한 유입은 기대할 수 없어요.

어떤 플랫폼을 선택해도 글쓰기 연습은 필수입니다. 결국에는 내가 하고 싶은 것을 얼마나 적절하게 글로 옮길 수 있는지에 대한 싸움입니다. 유튜브, 인스타그램은 글쓰기 능력이 필요하지 않다고 생각할 수 있지만 그렇지 않습니다. 내 생각과 관점을 글로 옮기느냐, 영상화시키느냐, 이미지화시키느냐의 차이입니다.

Outro

퍼스널 브랜딩 : 길을 찾는 이들에게

뿌듯하기도 하고 두렵기도 합니다. 마지막 페이지를 쓰고 있는 지금 책상에는 빈 아메리카노 4개가 쌓여 있습니다. 카페인 덕에 쓸 수 있었습니다.

지금까지 퍼스널 브랜딩, 더 나아가 '누군가에게 기억되는 글쓰기'를 이야기했습니다. 내 주관보다는 시스템에 맞추는 것이 강요되는 시대. 나만의 색으로 세상을 살아가고 싶은 모두에게 도움이 되었으면 합니다.

블로그에서 유관한 칼럼을 연재하고 있으니 종종 오셔서 읽고 가세요. 오프라인 컨설팅도 진행하고 있습니다.

읽어주셔서 감사합니다. 진심으로요.

영혼의 사업 파트너 신나라.

지금의 제가 있게끔 도와준 마케팅노트 유소정.

항상 큰 도움 주는 플랫폼 스타트업 볼트앤너트 대표 윤기열.

(수줍게 언급해봅니다. 이런 것, 한 번쯤 해보고 싶었어요)

촉촉한마케터

내 생각과 관점을 수익화하는
퍼스널 브랜딩

초판 1쇄 발행 2022년 8월 10일
초판 5쇄 발행 2024년 9월 30일

지은이 조한솔

기획편집 도은주, 류정화
마케팅 조명구

펴낸이 윤주용
펴낸곳 초록비공방

출판등록 2013년 4월 25일 제2013-000130
주소 서울시 마포구 동교로27길 53 308호
전화 0505-566-5522 팩스 02-6008-1777

메일 greenrainbooks@naver.com
인스타 @greenrainbooks @greenrain_1318
블로그 http://blog.naver.com/greenrainbooks

ISBN 979-11-91266-46-7 (03320)